GUIDE PRATIQUE A L'ASSAINISSEMENT AUTONOME
SYSTEME SEPTIQUE

« Un voyage d'un millier de kilomètres commence par un simple pas »
Proverbe chinois

GUIDE PRATIQUE A
L'ASSAINISSEMENT AUTONOME
SYSTEME SEPTIQUE

Emmanuel Brutus
Ingénieur Environnemental

Patronné par
Haiti Verte Foundation, Inc.

Publication Mars 2012

Composition et mise en pages: EMMANUEL BRUTUS

ISBN 978-1-62050-184-9

Toutes les opinions exprimées dans ce livre reflètent exclusivement celles de l'auteur et ne sont pas nécessairement celles de Haïti Verte Foundation Inc.

Remerciements

A Pierre Adam, professeur-chercheur à la Faculté des Sciences et à la Faculté d'Agronomie, Université d'état d'Haïti, je témoigne ma reconnaissance et formule ma plus profonde gratitude pour son examen minutieux du manuscrit, ses nombreuses suggestions utiles et son encouragement continu.

Ma profonde gratitude va également à l'éducatrice Paulette E. Coqmar pour la révision du texte.

A la mémoire de Frère Enel Clerismé, un éducateur exceptionnel qui a consacré sa vie à enseigner et former les jeunes, à l'amélioration de l'environnement et au développement des communautés rurales. Par nous, ses élèves, il vivra pour toujours.

En mémoire de Maxene Brutus mon cousin et parrain qui a perdu sa vie dans sa quête incessante de la vie elle-même. Il ne sera jamais oublié.

Cet ouvrage est dédié avec amour et gratitude
A
Ma femme Dina Brutus pour son soutien
Mes enfants Jonathan et Landy
Mes parents Armand et Lucienne
Mes frères et sœurs Herold, Rénal, Flaubert, Huguette
& Nedeline
Et mes tantes Aliane, Agathe & Mediana

"Celui qui gouverne les autres, doit d'abord être maître de lui-même"
Philip Massinger

Au sujet de l'organisation

Haïti Verte Foundation, Inc. est une organisation à but non lucratif qui a pour principal objectif le reboisement durable d'Haïti. Cette organisation espère aider à améliorer les conditions de vie en Haïti en soutenant et en réalisant des projets sur l'environnement tels que: alimenter en eau potable les communautés défavorisées, fournir des moyens et techniques sanitaires pour se débarrasser des eaux résiduaires; faire usage pratique de l'énergie alternative, de l'énergie solaire en particulier, et naturellement, entamer le projet du reboisement des secteurs sensibles comme une tentative de rétablir l'équilibre naturel et, si tout va bien, de s'acheminer vers la durabilité.

TABLE DES MATIERES

PREFACE	13
Chapitre 1.	
INTRODUCTION	15
1.1 Caractérisation des eaux usées	17
1.2 Pollution de l'environnement	19
1.3 Latrines et Fosse de curage	20
1.3.1 Latrines	21
1.3.2 Fosse de curage	24
1.4 Principes d'opération d'un système septique	24
1.5 Conclusion	28
Chapitre 2.	
EVALUATION DU SOL	29
2.1 Types de sol	32
2.2 Structure du sol	35
2.3 Perméabilité et infiltration	36
2.4 Test d'infiltration	38
Chapitre 3.	
RESERVOIR SEPTIQUE	43
3.1 Principes d'opération	43
3.2 Dimensions du réservoir septique	44
3.3 Capacités d'un réservoir septique pour les établissements non résidentiels	49
3.4 Décharges interdites	53
3.5 Comparaison de réservoirs à un et à deux compartiments	53
Chapitre 4.	
CONSTRUCTION DE RESERVOIR SEPTIQUE	57
4.1 Construction	57
4.2 Réservoirs préfabriqués	63
4.3 Conclusion	65

Chapitre 5.
CHAMP D'EPURATION 69
5.1 Lignes d'infiltration 69
    5-1.1 Comment construire une ligne d'infiltration 71
    5.1.2 Dimension des tranchées 74
    5.1.3 Les standards 75
    5.1.4 L'approche de Ryon 79
    5.1.5 Types d'arrangements 84
        A. Tranchée en parallèle 85
        B- Tranchée en boucle 87
        C. Tranchée en série 88
        D- Champs alternés 89
        E- Tranchée profonde 90
5.2 Puits d'infiltration 93
5.3 Lit d'infiltration 99
5.4 Autres systèmes 100
    5.4.1 Monticules 100
    5.4.2 Réservoir scellé ou réservoir de rétention 101
    5.4.3 Système de disposition d'eaux grises 102

Chapitre 6.
OPERATION ET ENTRETIEN 103
6.1 Inspection 104
6.2 Détection et réparation des problèmes 110
    6.2.1 Refoulement des eaux d'égout dans la maison 111
    6.2.2 Accumulation de liquide
        autour du champ d'épuration.. 114
6.3. Pompage des matières du réservoir septique 117
    6.3.1 Équipements 117
    6.3.2 Procédures 118

Chapitre 7.
TECHNIQUE DE TRAITEMENT AEOROBIE 123
7.1 Avantages et inconvénients 124
7.2 Fonctionnement des unités de traitement aérobie 125

Chapitre 8.
LOIS ET REGULATIONS 129
8.1 Introduction 129
8.2 Intention législative... 130
8.3 Conditions générales affectant la santé publique 131

8.3.1 Nuisances sanitaires..	131
8.3.2 Devoir du département de la santé....................	131
8.3.3 Notification d'abattre des nuisances	132
8.3.4 Conditions hasardeuses...	133
8.4 Permis	134
8.4.1 Permit de construction	134
8.4.2 Inspection..	134
8.4.3 Inspections après réparations	136
8.4.4 Annulation des permis	137
8.5 Application de demande de permis de construction	137
8.6 Position et installation	140
8.7 Enregistrement	142
8.8 Cours de formation pour des personnes installant ou entretenant les réservoirs septiques.................................	143
8.9 Frais	143
REFERENCES	145
GLOSSAIRE	148
APPENDICE 1 - US unité et SI equivalent	155
APPENICE 2 - Principales unités utilisées en Génie sanitaire dans le SI..	156

PREFACE

Le déclenchement du choléra en mi-octobre 2010 en Haïti, a montré une fois de plus l'urgence d'améliorer les conditions sanitaires dans le pays. Cette maladie va permettre, je le souhaite, la mise au point ou l'utilisation de tout un arsenal d'ingéniosité pour une meilleure prise en compte des infrastructures sanitaires à construire pour lutter contre les maladies infectieuses d'origine bactérienne, virale ou parasitaire et les décès prématurés.

L'évacuation appropriée des eaux résiduaires doit être parmi les priorités. Je n'ai pas été directement engagé dans des travaux d'eaux usées; ma connaissance jusqu'à date a été purement académique; cependant après avoir observé la façon dont les gens se débarrassent de leurs eaux résiduaires, j'ai décidé d'écrire cet essai.

Après plus de 28 ans aux Etats-Unis d'Amérique (USA), j'ai perdu un peu de mon acuité en français. Certains d'entre nous, qui ont immigré dans une autre culture pour apprendre une autre langue négligent leur langue d'études primaires, nous sommes donc coincés entre deux langues et nous finissons à ne pas être fluents en aucune langue. Si mon style ne s'élève pas aux normes de plusieurs syntaxes c'est tout simplement par manque de pratique. Mon vœu le plus cher est de me faire comprendre à travers ces lignes, j'espère qu'au moins, je peux accomplir cette tâche.

L'objectif principal de cet ouvrage est de fournir des renseignements utiles sur la façon de se débarrasser normalement des eaux résiduaires quand un réseau d'égouts n'est pas disponible, comme il est le cas presque partout en Haïti. De plus, il fournira d'amples informations techniques aux ingénieurs, étudiants et simultanément, l'instruction nécessaire aux ouvriers et même aux simples propriétaires de maison, désireux de connaître le fonctionnement d'une structure sanitaire privée.

Pour faciliter la compréhension du simple lecteur, l'usage des équations a été réduit au strict minimum. L'information est en grande partie, présentée à l'aide de graphiques ou de tableaux simples; donc c'est un livre fondamentalement écrit pour l'individu le moins techniquement formé.

Mon espoir est que ce manuel fournisse les informations nécessaires qui transformeront les propriétaires de maison, les ouvriers et les ingénieurs en de véritables techniciens, œuvrant à apporter une amélioration concrète à l'assainissement sur place dans le pays et par conséquent à améliorer la santé publique en général.

Nous encourageons commentaires et suggestions. Vous pouvez nous écrire par courrier électronique à info.hvf@gmail.com. Votre participation sera grandement appréciée.

Emmanuel Brutus
Ingénieur environnemental
Président, Haïti Verte Foundation, Inc.

CHAPITRE 1

INTRODUCTION

Notre manque de réseaux d'égouts et de centres de traitement d'eaux usées font que probablement des techniques antihygiéniques d'évacuation d'eaux usées sont utilisées à moins que nous fixions les codes d'évacuation des **eaux résiduaires**. Les techniques satisfaisantes assureront que les écosystèmes, en particulier les ressources en eaux ne soient pas polluées, les mouches et les vermines n'aient aucun accès aux excréta et

Blvd Jean Jacques Dessalines, Port-au-Prince

que les nuisances comme les odeurs, soient réduites au minimum. Les systèmes acceptables, dépendant des circonstances, incluent les réservoirs septiques et les champs d'épuration.

Il est donc important qu'on se débarrasse des eaux usées d'une façon satisfaisante. Personne ne voudrait vivre dans un endroit qui sent mauvais, qui est infecté de bactéries mortelles et qui ne peut pas soutenir la vie aquatique. Malheureusement, en Haïti, c'est la simple réalité pour beaucoup de gens dans les villes et dans les banlieues. Là où un réseau public d'eaux d'égout n'existe pas, les communautés adoptent des systèmes antihygiéniques pour se débarrasser de leurs eaux usagées. Les égouts publics, s'ils existent, peuvent ne pas être opérationnels. Quand dans certains cas, le système de drainage est en condition d'opération, il est construit, pour drainer les eaux sales et polluées, dans la mer, ce qui crée encore un autre type de pollution. En Haïti, il n'y a pas d'établissement pour traiter les eaux d'égout avant de les retourner dans l'environnement.

En avril 2003, j'ai visité Haïti après plus de 18 ans à l'étranger. Un ami m'a amené à Port-au-Prince, en un endroit à Martissant (Marché Nirvana), pour voir son commerce. Derrière la maison, j'ai noté une rigole d'eau noire. Je lui ai dit que cette rigole polluée est dangereusement trop proche de son bâtiment. Il m'informe que c'était à cause de la position d'un égout qui s'y trouvait; il m'a avoué que cet égout est découvert depuis des années. L'odeur qui s'y dégageait était répugnante et le long du canal, j'ai vu des gosses nus, avec leur gros ventre, jouant, riant et mangeant, comme si cette mauvaise odeur n'existait pas. J'ai vu des femmes cuire leur repas, d'autres faire la lessive dans des seaux sales. J'ai vu des hommes travailler et d'autres « prendre du bon vent ». C'était une journée normale pour les riverains, mais c'était pourtant une scène vraiment inquiétante.

1.1 Caractérisation d'eau usée

L'eau usagée est pratiquement produite dans toutes les activités sanitaires humaines. Elle constitue spécifiquement une combinaison des drainages de la salle de bains et de la cuisine, y compris des baignoires, des douches, des toilettes, des éviers de cuisine et des toilettes, de lave-vaisselle et de machine à laver. La caractérisation de l'eau usagée domestique suggère un examen de sa composition. L'eau contient ordinairement les matières minérales et organiques auxquelles s'ajoutent les déchets des activités sanitaires humaines qui peuvent inclure: caca (excréments), urine, papier, savon, saleté, restes de nourriture et d'autres substances. La composition de l'eau résiduaire domestique s'attribue réellement à ses constituants physiques, chimiques et biologiques.

La concentration des polluants physiques et chimiques en eau usagée dépend des habitudes des habitants d'une maison particulière. On s'attend à ce que la concentration de différents constituants change, avec l'heure du jour, le jour de la semaine et le mois de l'année. Cette variation résulte du cycle normal de l'activité humaine pendant un jour donné, la différence de l'utilisation de l'eau entre le jour de la semaine et la fin de la semaine. Le tableau 1.1 donne une estimation des besoins de l'eau dans les maisons. En plus des polluants introduits dans l'eau usagée par des activités sanitaires humaines, il y a également une augmentation du contenu minéral avec l'utilisation de l'eau fortement minéralisée des puits privés. Les polluants physiques de l'eau usagée sont principalement l'odeur et les constituants solides. Les composants chimiques peuvent être des produits organiques, inorganiques ou des gaz. Les éléments organiques sont des protéines, des hydrates de carbone, des **agents tensioactifs**, des graisses et des huiles. Les inorganiques sont le pH, les chlorures, l'alcalinité, l'azote, le phosphore et les **métaux lourds**. Les gaz sont habituellement l'oxygène, le sulfure d'hydrogène et le méthane.

Les constituants biologiques trouvés en eau usagée sont extrêmement importants à cause de leurs considérations en santé publique. Les virus et les microbes sont les principaux composants biologiques de l'eau usée. Plusieurs des substances de déchets trouvés en eau usée sont organiques et servent de nourriture aux micro-organismes, qui vivent des matières organiques mortes. En conséquence, l'eau usée est instable, biodégradable et putréfiable. Il est possible de trouver presque tous les types de micro-organismes dans les eaux d'égout; parmi eux, on peut citer: les bactéries, les protozoaires, les mycètes, les algues et les virus qui sont les plus significatifs à l'ingénieur environnemental. Les bactéries jouent un rôle fondamental dans la décomposition et la stabilisation de la matière organique dans le réservoir septique, mais parmi les organismes pathogènes trouvés en eau usée, les bactéries sont les plus nombreuses et elles sont responsables des maladies de l'appareil gastro-intestinal, telles que la fièvre typhoïde et de paratyphoïde, la dysenterie, la diarrhée et le choléra. Ces micro-organismes sont trouvés dans les excréments humains. Les protozoaires s'alimentent de bactéries et sont essentiels dans l'opération du traitement biologique. Maintenant nous savons que les virus peuvent se trouver dans les eaux usées et que, les virus qui sont excrétés par les êtres humains posent un risque sérieux à la santé publique, alors nous devrions prendre grand soin pour nous débarrasser de nos eaux usées spécialement des matières fécales.

Tableau 1.1 Usage de l'eau à la maison

Usage	*Taux d'écoulement en gallon par minute (gpm)	Total estimé
Adulte ou enfant		50 – 100 gal/jour
Bébé		100 gal/jour
Machine à laver	5	30– 50 gal/charge
Lave-vaisselle	2	7 – 15 gal/charge
L'évier de cuisine	3	2 – 4 gal/usage
Douche ou baignoire	5	25 – 60 gal/usage
Jeter excrément à l'égout	3	4 – 7 gal/usage
L'évier de la salle de bains	2	1 – 2 gal/usage

*Les valves limitatrices d'écoulement de l'eau et les têtes de douche peuvent réduire l'écoulement et l'utilisation de l'eau jusqu'à 50%.

1.2 Pollution de l'environnement

L'eau usée pollue l'air. Si vous la déchargez directement dans l'environnement, elle produira une odeur nauséabonde très rapidement. Elle peut attirer des rongeurs (rats et autres), et peut servir d'endroit de reproduction aux moustiques et aux mouches. Les eaux d'égout contiennent des bactéries nocives. Le déchet humain contient naturellement les bactéries de coliforme (par exemple, E. Coli) et d'autres bactéries qui peuvent causer de la maladie. L'eau une fois infectée par les bactéries, devient un risque sanitaire. Les eaux d'égout peuvent contenir des œufs et des larves de vers parasites et microbes. Certains de ces microbes peuvent attaquer l'homme directement par la peau ou peuvent être transmis par un rongeur ou un insecte ou en mangeant de la nourriture ou en buvant de l'eau contaminée par les eaux usées.

L'eau usée entraine la pollution de l'eau. Les eaux d'égout contiennent des solides en suspension et des produits chimiques qui affectent l'environnement quand elles sont déchargées directement dans les rivières, les lacs et la mer. L'eau usée contient l'azote et les phosphates qui, étant des engrais, encouragent la croissance des algues. La croissance excessive d'algues peut bloquer la lumière du soleil et encrasser l'eau. En outre, l'eau usée contient des matières organiques que les bactéries, dans l'environnement, vont décomposer. Ces bactéries consomment l'oxygène dans l'eau. Le manque d'oxygène tue les poissons. Les solides en suspension en eau usée font que l'eau paraisse sombre et peuvent affecter la capacité des poissons, à respirer et à voir. Les algues accrues réduisent l'oxygène, soutiennent l'obscurité, et détruisent la capacité des rivières ou des lacs à soutenir la faune et tous les poissons, les grenouilles et d'autres formes de vie mourront rapidement.

1.3 Latrines et fosse de curage

Fig. 1.1 Latrines

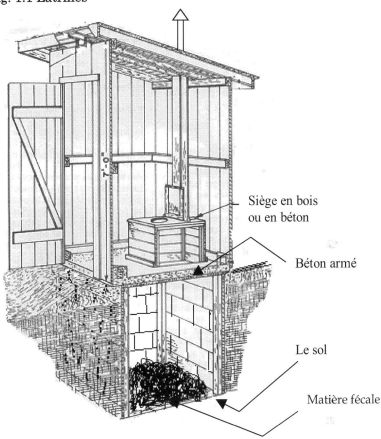

Une faible portion de la population haïtienne a accès à l'égout public et à l'eau courante. Dans les ménages, on est obligé de trouver une solution pour évacuer les matières fécales. Jusqu'à présent on estime que plus de 80% de la population utilise les latrines et dans certains cas les fosses de curage.

1-3.1 Latrines

Les latrines sont des trous creusés dans la terre avec un abri au-dessus. Là on se débarrasse des excréments, sans utilisation ou addition d'eau. Les latrines ne devraient pas être construites, installées ou opérées dans des endroits bas et humides où le niveau d'eau, pendant n'importe quelle saison de l'année pourrait atteindre une hauteur de 1.2 m (4 pi.) du fond de la fosse. En Haïti, cependant, des latrines sont construites n'importe où et de n'importe quelle façon. A part leur mauvaise odeur, les latrines peuvent être des sources sérieuses de pollution et de maladies. Il devrait y avoir quelques normes générales relative à leur construction. Les mesures suivantes sont quelques directives:

a) Les latrines devraient toujours être localisées de sorte qu'elles ne polluent aucune réserve d'eau. Généralement ceci signifie que la structure devrait toujours être du côté de descente de la réalimentation en eau et au moins à 50 pieds de n'importe quel point d'eau.

b) Les latrines devraient être inaccessibles aux mouches et construites pour rester de cette façon. Les mouches et les

moustiques qui prolifèrent sur les matières fécales peuvent être la causes des maladies hydro-fécales telles: la fièvre typhoïde, la dysenterie épidémique, le cholera, etc. Certaines personnes contrôlent les moustiques en versant une tasse de kérosène dans le trou environ tous les dix jours.

c) Les latrines devraient avoir une couverture pour chaque

siège et garder les couvertures en place et en position fermée à tout moment où le siège n'est pas en service.

d) Les latrines devraient être de capacité proportionnée, bien construites et faciles à maintenir en état sanitaire. La chaux fraîche ou d'autres désinfectants également efficaces pourrait être utilisés fréquemment pour contrôler les nuisances.

e) Les latrines devraient être aérées avec un tuyau d'au moins quatre (4) pouces de diamètre, et surpasser, au moins d'un pied le toit et être équipé d'un capot d'aération efficace.

f) La fondation de béton ou de bloc de ciment devrait prolonger de six (6) pouces au-dessus de la terre et au moins de douze (12) pouces dans le sol pour empêcher l'entrée des insectes et d'autres vermines.

N.B: Ne jetez jamais des ordures ou autres sortes de fatras dans les fosses.

1.3.2 Fosse de curage
De nos jours les gens possèdent dans leur maison le cabinet d'aisance, le lavabo, l'évier de cuisine, la douche, la baignoire, et même le lave-vaisselle. Pour se débarrasser de l'eau usagée ils ont improvisé la méthode d'évacuation qu'on appelle « fosse de curage » (Fig. 1. 2), qui n'est rien d'autre qu'une fosse souterraine qui reçoit les eaux usées non traitées. Une telle fosse tend à s'obstruer assez rapidement, dépendant de la largeur et la profondeur du trou. Plus le trou est profond, plus le potentiel pour la pollution de la nappe phréatique est élevée. Ces fosses de curage posent même une plus grande menace à l'environnement. Quand une fosse de curage est la seule alterna-

Fig. 1.2 Fosse de Curage

tive, elle devrait être conçue comme le puits d'infiltration, que vous verrez plus tard dans le chapitre 5 sur le champ d'épuration du système septique.

Bien que toutes les méthodes d'évacuation d'eaux usées sur place aient le potentiel pour polluer les nappes souterraines, le système septique est jusqu'ici la meilleure alternative à l'égout public.

1.4 Principe d'opération du système septique

En Haïti, le système d'égout est rare. La majorité de la population n'a jamais utilisé une toilette à confort moderne ou, se laver le visage dans un évier. L'eau usée, produite en prenant des bains dans un seau, derrière la maison ou l'eau de lavage des vaisselles dans le bassin de cuisine, est simplement jetée dehors. On peut voir les eaux sales venues des maisons, ruisseler dans les rues. De nos jours beaucoup de gens creusent des trous dans leur cour pour se défaire des eaux usées. Ces pratiques informelles de se défaire des eaux usagées causent

Figure 1.3 Système septique à ligne d'infiltration

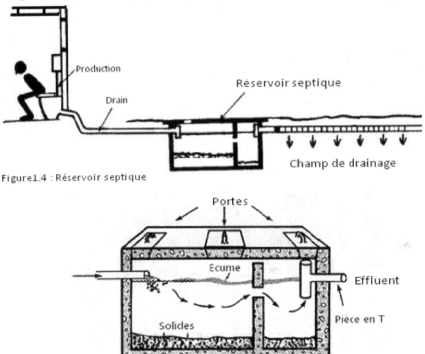

Figure1.4 : Réservoir septique

la formation des cuvettes stagnantes dans les ruelles et les terrains vides, où les eaux résiduaires, les ordures ménagères et autres déchets se mélangent pour devenir des lieux de reproduction de mouches, de larves d'insectes et de rats. Les piles d'ordures gênent souvent la circulation des véhicules et des piétons. Ces conditions sont considérées comme un facteur important, lié à la propagation des maladies comme la fièvre typhoïde, la malaria, l'hépatite, et du ver de Guinée.

Dans les régions rurales et urbaines où le système d'égout public n'existe pas, la méthode la plus moderne pour traiter l'eau usagée est le système septique. S'il est bien conçu et maintenu, il peut offrir une solution assez viable au problème

Figure 1.5 Arrangement typique d'un système septique

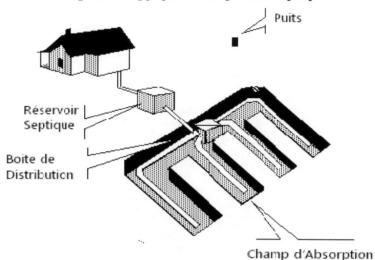

de l'évacuation des eaux usées. La vie moyenne d'un bon système est généralement de 15 à 20 ans.

Un système septique typique se compose de deux parties principales: le réservoir septique et le champ d'épuration. Le champ d'épuration est appelé également champ d'infiltration ou champ d'absorption.

Le principe du système septique est simple. L'eau usagée part de la maison par le drain d'eaux usées et entre dans le réservoir septique. Le réservoir (Fig. 1. 4) est la première étape du traitement. Les parties solides se précipitent au fond du réservoir, c'est la couche de boue. Les graisses et les écumes flottent au-dessus, cette couche est appelée écume. La partie liquide des eaux d'égout qu'on appelle effluent coule du réservoir par l'intermédiaire de la boîte de distribution dans le champ d'absorption. L'effluent coule par gravitation, cependant, une pompe hydraulique peut être nécessaire quand le champ d'absorption est situé plus haut que le réservoir. La figure 1.3 montre un système septique où le champ d'absorption est une ligne d'infiltration. Un système septique typique est généralement arrangé comme dans la figure 1.5.

L'effluent atteint le champ d'absorption où il est distribué dans le sol pour le traitement final. Si le système est conçu et maintenu correctement, les micro-organismes sur la surface des particules de sol autour du champ d'absorption consomment les polluants organiques de l'effluent avant que l'effluent traité atteigne les systèmes aquifères. Les solides qui s'entassent au fond du réservoir septique, se décomposent lentement. Les bulles de gaz dégagées, pendant ce processus de décomposition, apportent avec elles des graisses. Les graisses forment une couche épaisse d'écume au-dessus du réservoir. La sortie du réservoir est localisée entre ces deux couches où se trouve le liquide le plus clair. Le champ d'absorption se compose de plusieurs tuyaux latéraux qui permettent à l'effluent de passer lentement au dehors par des trous placés sur la longueur des tuyaux. Des précautions doivent être prises pour placer les tuyaux à niveau pour qu'ils puissent répartir le liquide uniformément dans le champ d'absorption. Ces tuyaux sont appelés ligne d'épuration. Quand le **niveau piézométrique** est assez haut et qu'il n'y a pas assez d'espace pour concevoir des lignes d'épuration, le champ d'absorption peut être conçu comme un puits d'infiltration, ce qui est un trou étroit et fond où l'effluent est versé pour qu'il puisse se filtrer dans la terre. Les tuyaux d'épuration sont placés à l'intérieur des fossés d'absorption. Ces derniers fournissent la superficie requise pour que l'effluent soit en contact maximum avec le sol. Un support de gravier forme une enveloppe autour des tuyaux pour les protéger contre les racines d'arbres et les animaux qui auraient creusé le sol. L'effluent traverse le gravier et entre dans le sol au-dessous des tuyaux et à côté du fossé. Pendant que l'effluent se meut par le sol, de petits solides, bactéries, et aliments sont enlevés. Ce procédé d'infiltration est un processus biologique normal; s'il est convenablement conçu et maintenu, il peut traiter le liquide avant qu'il atteigne les eaux souterraines.

1.5 Conclusion

En général, dans un système septique on peut trouver les composants suivant :

- ♦ les tuyauteries sanitaires, qui relient les drains et permettent les eaux résiduaires de passer des accessoires de la salle de bain et de la cuisine au réservoir septique,
- ♦ le réservoir septique,
- ♦ le système de pompage si besoin,
- ♦ le système de disposition d'effluent et,
- ♦ un système d'évacuation d'eaux de surface.

L'emplacement doit convenir à l'évacuation de l'effluent dans les limites de l'habitation. Là où un arrangement d'un système septique n'est pas convenable, un autre système alternatif doit être envisagé. Ceci peut nécessiter la collection de l'effluent dans une fosse d'aisance imperméable et l'enlever par la suite pour jeter ailleurs.

CHAPITRE 2

ÉVALUATION DU SOL

Le succès du champ d'épuration d'un système septique dépend en grande partie des caractéristiques, de la conception et de la gestion de sol. Beaucoup de gens font usage de puits artésiens pour la toilette, la cuisine et même pour la consommation. Des précautions doivent être prises pour prévenir la contamination des eaux souterraines. Le sol est le dernier et le plus important composant d'un système septique. C'est là où se produit la majorité du traitement des eaux usées. Par de divers processus physiques et biologiques, la plupart des bactéries et

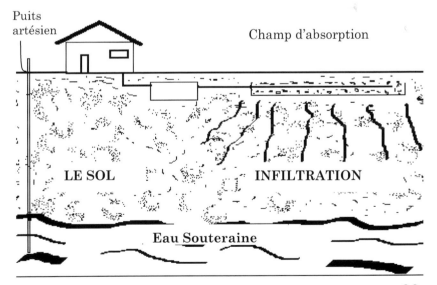

virus en eau usagée, aussi bien que quelques aliments, sont consommés pendant que l'effluent d'eau usagée traverse les couches de sol. Une bonne conception d'un système d'assainissement autonome d'eaux usées dépend clairement d'une évaluation adéquate de l'emplacement.

La rapidité de traversée de l'eau dans le sol caractérise la perméabilité du sol, c'est un facteur fondamental en déterminant le bon fonctionnement d'un champ d'épuration. La profondeur, la hauteur saisonnière de la nappe souterraine, la pente du terrain et la proximité des ravines, rivières ou des lacs sont d'autres facteurs qui doivent être considérés dans la planification d'un champ d'épuration d'un système septique.

La quantité de sable, de silt et d'argile dans le sol influencent la perméabilité du sol. L'eau se meut plus rapidement dans les sols de sable que dans les sols d'argile. Cependant, placer un champ d'épuration dans un sol de sable ou caillouteux n'est pas recommandé puisque l'effluent du réservoir septique ne sera pas filtré correctement, particulièrement si le sol est mince et la nappe d'eau souterraine est peu profonde. Il n'est pas recommandé également de localiser un champ d'absorption dans un sol qui contient beaucoup d'argile parce que la perméabilité de ce type de sol est très lente. En outre, si l'argile est humide elle gonfle généralement, réduisant encore sa perméabilité, ce qui limite l'efficacité du champ d'épuration.

La profondeur des eaux souterraines est d'une considération importante non seulement pour la protection des eaux souterraines, mais également pour assurer l'opération efficace du système. Dans les secteurs où la nappe souterraine est haute par saison, l'effluent d'eaux usées peut facilement polluer la nappe phréatique, particulièrement si le sol au-dessus des eaux souterraines est du sable ou du gravier. Dans d'autres secteurs il peut y avoir une hauteur d'eau saisonnière due à une couche d'argile qui empêche l'écoulement vertical. Dans ce cas, ajouter l'effluent septique au sol apportera le niveau d'eau encore plus proche de la surface pendant les saisons pluvieuses. L'effluent restera alors à la surface et peut causer de l'odeur et résulter en une pollution environnementale y compris la diffusion de maladies. D'une manière générale, le niveau d'eau devrait être au moins de 5 pieds au-dessous du champ d'épuration pendant les saisons pluviales. De même, la profondeur du sol devrait être de plus de 4 pieds d'épaisseur du fond du puits d'absorption à sable et graviers ou à roche. Cette épaisseur est nécessaire pour la filtration et la purification proportionnée de l'effluent. Dans les sols de sable ou cailloux, une profondeur additionnelle de 3 pieds ou plus est nécessaire pour éviter la pollution de la nappe phréatique.

Généralement les terrains à pente de moins de 15% ne posent pas un problème sérieux pour l'installation ou l'entretien du champ d'absorption. Cependant, à un endroit où la pente dépasse 5 à 6%, une attention supplémentaire devrait être portée pour placer les champs d'absorption. Les pentes plus rapides posent un peu de difficulté à l'installation et l'entretien des champs d'absorption, particulièrement là où une couche horizontale d'argile ou de roches empêche l'écoulement vertical de l'effluent. L'obstruction du flot causera l'effluent à mouvoir horizontalement et infiltrer à la surface du sol.

Des systèmes septiques devraient être situés au moins à 50 pieds des rivières ou des lacs. C'est important pour assurer la filtration appropriée et l'élimination des germes de maladie avant que l'effluent septique atteigne les eaux de surface. On ne devait jamais installer un champ d'absorption dans une zone d'inondation. L'inondation occasionnelle réduit l'efficacité du système, alors que l'inondation fréquente pourrait détruire son efficacité et aussi bien polluer le sol et les eaux de surface.

2.1 Types de sol

Le Type de sol est très important dans le calcul du système septique. Il limite la quantité et le taux d'eau usagée qu'un champ d'épuration peut tolérer. Le type de sol peut être différent d'un endroit à l'autre dans un champ d'absorption. Les changements se produisent verticalement et horizontalement. Ces changements doivent être pris en considération dans la planification d'un système. Des échantillons de sol devraient être collectés dans diverses profondeurs et à différents endroits du terrain pour examiner la structure et la texture du sol, et même la coloration du sol. Les trous d'observation devraient être de 2 à 4 pieds plus profonds que la profondeur projetée du champ d'absorption.

En général le sol est formé environ de moitié de matériel solide et l'autre moitié est poreuse. Environ la moitié de la partie poreuse contient de l'eau et l'autre moitié de l'air.

Les sols sont généralement classifiés selon la dimension des particules. Tous ceux qui sont plus de 10 pouces de diamètre sont des pierres; le gravier comprend les 3 à 10 pouces de diamètre. Le tableau 2.1 montre la classification en dimension des sols selon le Ministère de l'agriculture des ETATS-UNIS. C'est la proportion relative de sable, de silt et d'argile qui définit le type du sol. La détermination du type de sol est

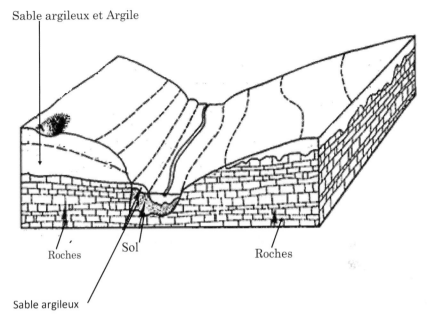

Figure 2.1 Types de sols

une étape nécessaire dans l'évaluation de l'emplacement.

Les caractéristiques suivantes aideront à estimer le type de sol:

Le <u>sable</u> est un type de sol très facile à identifier. Même le sable très fin se sent graveleux. Frottez un peu de terre entre vos doigts ou sur la pointe de la langue pour voir s'il est sablon-  nière, alors le sable est présent. Si vous serrez le sable sec, il ne maintiendra aucune structure quand on cesse la pression. Quand vous serrez le sable humide il forme la fonte mais il s'écrase quand vous le touchez.

Le sable argileux se sent graveleux, mais quand il est sec et on le frotte dans la paume, ses particules fines s'attacheront dans la peau de la main. La fonte formée en serrant le sable glaiseux mouillé s'émiettera quand on le touche.

Des masses de terre grasse sablonneuse sont facilement écrasées, quand frottées entre les doigts et donnent un sentiment velouté causé par la caractéristique du sable. Une fonte de terre grasse mouillée peut soutenir une manipulation soigneuse, mais des rubans ne se formeront pas quand elle est serrée entre le pouce et l'index.

Les masses de terre grasse peuvent s'écraser sous une pression modérée et les mottes de terre grasse peuvent être assez solides. Une fois pulvérisée en l'écrasant sous les chaussures, la terre grasse a une sensation veloutée qui devient graveleuse avec le frottement continué. Des fontes peuvent être formées avec la terre grasse sèche. Les fontes mouillées sont assez stables au point que des rubans fragiles peuvent être formés. En conclusion, la surface frottée est rugueuse et légèrement graveleuse.

Des agrégats de terre grasse vaseuse peuvent être écrasés sous la pression modérée et les mottes sont assez dures. La terre grasse vaseuse pulvérisée a une sensation comme la farine. La fonte mouillée peut être manipulée librement. La surface frottée du ruban peut paraître ondulée.

Les agrégats de terre grasse d'argile sont durs, très durs. Quand mouillé, ce sol formera des fontes et des rubans très solides. Il peut y avoir une sensation graisseuse et quelque peu collante.

Les agrégats d'argile sont durs et il est difficile à écraser les mottes. Quand pulvérisé, l'argile peut avoir une texture graveleuse due aux nombreux petits agrégats qui persistent. Les rubans de l'argile humide peuvent être étirés et avoir une sensation satineuse très douce. L'argile est collante si elle est humide.

Il est facile de commettre des erreurs dans l'évaluation du sol en examinant seulement les caractéristiques. Si le sol sur lequel vous travaillez est très difficile à classifier, vous pouvez prendre des échantillons et les faire examiner par un expert. Peut-être que ces types d'experts sont rares en Haïti, mais vous devez faire de votre mieux pour savoir le type de sol en question. A cet effet vous pouvez utiliser le tableau ci-dessous (tableau 2.1) comme référence. C'est la classification des sols selon le Département de l'Agriculture des Etats-Unis.

Tableau 2.1 Classification de sols (selon le Département de l'Agriculture des Etats-Unis)

Particule		Diamètre
Roche		plus grand que 10 pouces
Galet		3 à 10 pouces
Gravier		2mm à 3 pouces
Sable		0.05 mm à 2 mm
	très gros sable	1 mm à 2 mm
	gros sable	0.5 mm à 1 mm
	sable moyen	0.25 mm à 0.50 mm
	sable fin	0.1 mm à 25 mm
	sable très fin	0.05mm à 0.1 mm
Terre grasse		0.002 mm à 0.05 mm
Argile		moins de 0.002

2.2 Structure du sol

Des particules de sol sont souvent associées l'un à l'autre, formant des faisceaux appelés « **peds** ». Dans l'espace entre ces peds l'eau et l'air peuvent passer avec plus d'aisance au lieu de traverser les peds eux-mêmes. Souvent l'existence de ces peds ne peut pas être détectée en observant le sol tiré des trous d'essai et leur évidence n'est aussi pas visible à la paroi des trous. Pour déterminer l'ampleur de cette structure, il fallait faire une coupe dans la paroi latérale et soigneusement enlever la surface compressée par l'instrument effectuant la coupe (la pelle ou la manchette).

Naturellement, le sable est sans structure puisqu'il ne peut pas former des faisceaux. Les sols d'argile peuvent former des blocs ou de longues colonnes verticales. La terre grasse d'argile peut former des peds modérément compacts. La terre grasse et la terre grasse sablonneuse avec quelques particules fines peuvent former de grands blocs.

Une structure bien développée est associée à la percolation rapide de l'eau dans le sol. Si les peds sont plats ou comme des assiettes, l'écoulement latéral considérable pourrait être prévu. Si la structure paraît argileuse une percolation lente de l'eau peut être anticipée.

2.3 Perméabilité et infiltration

Nous avions discuté de la capacité des sols, à transmettre l'eau. Cette propriété du sol s'appelle la perméabilité du sol. Quand l'eau se déplace d'un point à l'autre dans le sol, c'est en réponse à deux forces principales: pesanteur et capillarité. La pesanteur, comme nous le savons, est la force qui permet à l'eau de couler de haut en bas. Mais la **capillarité** est l'attraction de l'eau par les particules du sol et à elle-même, elle peut déplacer l'eau vers le haut, en sens inverse à la force de la pesanteur. Puisque la grandeur de ces forces est différente dans des sols différents, alors l'eau se déplace à proportion différente et en directions différentes dans des sols différents.

Le sable a des pores très grands entre les particules, mais peu nombreux, comparé à la terre grasse ou l'argile. Le volume de tous les pores est plus petit en pied cube de sable qu'il l'est en pied cube de terre grasse ou d'argile, ainsi le sable retient moins d'eau par unité de volume. Alors la grandeur des pores est un facteur significatif dans la détermination de la perméabilité. Les grands pores produisent les forces capillaires faibles, alors l'eau se déplace rapidement dans le sens vertical à travers le sable, en soumission à la pesanteur. L'argile a beaucoup de pores, qui peuvent contenir une grande quantité d'eau (autour 60% du volume). Cependant, les pores sont très petits, ainsi la force capillaire tend à tirer l'eau dans ces espaces comme un buvard et à la retenir. La force est assez forte pour déplacer l'eau vers le haut contre la traction de la pesanteur. Mais, parce que les pores sont si petits, il y a une grande résistance à l'écoulement de l'eau, une fois que l'argile est saturée le mouvement de l'eau est très lent. Ces propriétés de l'argile sont excellentes pour décrasser l'eau usagée, mais ces propriétés sont les plus mauvaises pour conduire l'eau usée loin du lieu de décharge. Le sable, d'autre part, est excellent pour déplacer l'eau usée loin des yeux, mais fournit peu ou aucune action d'assainissement aux eaux usées.

Si, la perméabilité, est la capacité du sol de transmettre l'eau, l'infiltration est la capacité de l'eau de se mouvoir dans le sol. Pour établir un champ d'épuration ou champ d'absorption on doit savoir la superficie de sol qui peut accepter un volume spécifique d'eau usée. En d'autres termes nous devons savoir la perméabilité du sol. En supposant que la perméabilité et l'infiltration sont identiques, et puisque la mesure de la perméabilité est un procédé complexe, nous pouvons alors mesurer l'infiltration en utilisant une technique simple, appelée: **essai d'infiltration**.

2.4 Test d'infiltration

Le test d'infiltration est la mesure du mouvement de l'eau dans le sol, il a été utilisé pour plusieurs années dans la détermination des dimensions des champs d'épuration. Si le champ d'absorption est trop petit, le propriétaire de la maison peut s'attendre à ce que des eaux usées partiellement traitées apparaissent à la surface du sol. Ce problème du champ d'épuration peut ne pas arriver juste après l'installation, mais pourra se produire plus certainement dans les deux ou trois premières années. Si ce problème continue, il n'y a qu'une seule chose à faire: remplacer le champ d'épuration avec un autre à dimensions calculées ou de diminuer le volume d'effluent qui laisse la maison pour enter dans le réservoir septique. Cela signifie qu'on doit réduire la durée et la fréquence des bains, ce qui n'est pas toujours facile. Reconstruire le champ d'absorption est souvent la solution pratique, mais cela coûte.

Des études d'ingénieurs ont prouvé que la forme du trou d'essai de taux d'infiltration n'est d'aucune importance pour les résultats de l'essai avant la saturation. Pour cette raison, il est important que les numéros 2 et 3 des procédures ci-dessous soient suivis explicitement. Si on prend grand soin en déterminant le taux d'infiltration on peut éviter bien de problèmes avec le champ d'épuration dans le futur.

Procédé :

1 – Préparation des trous d'essai d'infiltration
Si la texture du sol est uniforme dans le terrain, creusez au minimum trois trous à dimensions horizontales de 4 à 8 pouces de large, et la profondeur dépend de la profondeur proposée pour le fossé d'absorption. Une profondeur moyenne de 24 à 30 pouces plus fond que le fossé d'absorption peut être suffisant, il est toutefois obligatoire que ces trous soient plus profonds que la profondeur proposée du fossé d'absorption. Le creusement peut s'arrêter dès qu'il y a évidence de saturation saisonnière ou d'un lit de roches. Le nombre de trous peut atteindre six ou neuf, dépendant de l'uniformité du sol. Si la texture du sol change, il est préférable de creuser au moins deux trous d'essai d'infiltration dans chaque texture de sol différent. Numérotez les trous pour vous faciliter à les identifier. Nettoyez l'intérieur des trous. Enlevez toute matière libre et placez environ trois pouces de sable ou de gravier au fond du trou pour empêcher le récurage du fond.

En creusant les trous profitez pour évaluer la texture de sol (sable, sable argileux, terre grasse sablonneuse, terre grasse, terre grasse d'argile, argile, etc.) à chaque pied de profondeur ou du moins là où un changement de texture de sol se produit. Enregistrez ces données dans votre cahier de note. Si vous rencontrez du sol saisonnièrement saturé ou une couche imperméable (roche ou argile) à une profondeur de 3 pieds ou moins de la surface du sol, le terrain n'est pas approprié pour l'installation d'un champs d'épuration standard ; un système de monticule peut bien être approprié pour le terrain. La saturation saisonnière du sol est indiquée par une couleur grise ainsi que des rayures ou des taches rouges. Bien que le trou puisse être sec quand vous le creusez, le sol sera saturé pendant les saisons pluvieuses et pendant l'opération du système de traitement d'eaux usées. Alors le système échouera.

2- Saturation du Sol
Remplissez les trous avec de l'eau claire et continuez à ajouter l'eau jusqu'à ce que le sol devienne saturé. La saturation signifie que les vides entre les particules de sol sont remplis d'eau. Ceci peut se produire en peu de temps. Le gonflement est provoqué par intrusion de l'eau dans différentes particules de sol. C'est un processus lent, particulièrement dans des sols d'argile, c'est pourquoi une période de temps prolongée est nécessaire pour certains sols. Le temps minimum de saturation est de quatre heures il est préférable de saturer le sol durant la nuit. Certains sols ont un taux élevé d'argile, surtout s'ils sont secs au moment de l'essai ils peuvent prendre plusieurs jours de trempage pour les saturer afin d'obtenir un bon essai d'infiltration. L'essai peut être expédié en remplissant tous les trous d'essai avec de l'eau, la nuit avant que les essais soient faits pour permettre le temps nécessaire pour le gonflement et la saturation du sol. L'installation des siphons automatiques pour remplir les trous peut être utile. Dans les sols sablonneux avec un faible pourcentage d'argile, le procédé de saturation n'est pas nécessaire et l'essai peut être conduit juste après que l'eau soit infiltrée dans deux trous .

3- Mesure du taux d'infiltration
Après saturation, mesurez le taux auquel la surface de l'eau

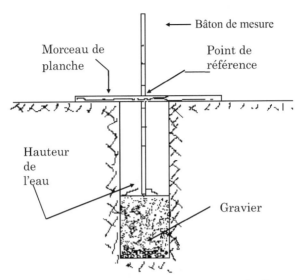

Figure 2.2 Mesure de la baise du niveau de l'eau

descend dans les trous. Ceci peut être fait en plaçant un morceau de planche horizontalement sur le trou, il faut faire attention pour le placer en position ferme. Ajoutez l'eau à une profondeur maximum de six pouces au-dessus du sable ou du gravier. Glissez alors un bâton aigu ou un outil de mesure semblable droit au bas du trou jusqu'à ce qu'il fasse contact avec la surface de l'eau. Lisez immédiatement l'heure exacte sur votre montre et tracez un trait horizontal sur le bâton de mesure, en utilisant le morceau de planche horizontal comme point de guide et de référence. Répétez l'essai à intervalles de cinq minutes si l'eau descend rapidement, et on peut choisir un intervalle plus long si l'eau coule lentement. Quand, au moins, les trois espaces entre les inscriptions de crayon sur le bâton de mesure deviennent relativement égaux, ce qui peut durer aussi longtemps que trois ou quatre heures de temps, l'essai est accompli. Alternativement, un appareil de mesure peut être construit comme illustré dans la figure 2.2.

4- Calcul du taux d'infiltration

À l'aide d'une règle, mesurez l'espace entre les inscriptions égales et calculez le temps requis pour le niveau d'eau pour descendre d'un pouce. Par exemple, si le niveau d'eau descendait 3/8 pouce en cinq minutes, le temps requis pour le niveau d'eau pour descendre un pouce serait de 13.3 minutes (5 minutes ÷ 3/8 pouce = 13.3 minutes/pouce). Le taux d'infiltration pour le champ entier d'épuration peut alors être déterminé à partir du taux d'infiltration de chaque trou d'essai. Le taux d'infiltration du terrain est le taux moyen des taux de chaque trou d'essai d'infiltration. Le taux d'infiltration est exprimé en minutes/pouce ou minutes/centimètre.

CHAPITRE 3

RESERVOIR SEPTIQUE

3.1 Principes d'opération

Un réservoir septique est un grand récipient souterrain, imperméable à l'eau. Le réservoir septique reçoit les eaux usées venues du tuyau de drainage. L'eau usée domestique inclut l'eau noire qui vient des toilettes et l'eau grise qui s'écoule de tous autres installations et accessoires de salle de bain et cuisine (éviers, baignoire, douche, etc.). Les eaux usées sont séparées dans le réservoir sceptique selon les propriétés physiques des constituants. Les solides se divisent en quatre types: dissous (comme des sels), suspendus (tels que gélatine et le savon), flottants (comme les cheveux et la graisse) et les solides lourds (matières fécales et ordures). Quand l'eau usagée arrive dans le réservoir, sa vitesse est ralentie de sorte que, pendant le temps qu'elle prend pour traverser le réservoir de l'entrée à la sortie, les solides les plus lourds ont la chance de tomber au fond du réservoir pour former la couche de boue et les solides légers, telle que la graisse, flottent à la surface pour former la couche d'écume. Cette couche reste au-dessus de l'effluent et s'épaissit graduellement jusqu'à ce que le réservoir soit nettoyé. L'effluent est la couche d'eau claire entre la boue et l'écume. Les organismes qui vivent dans le réservoir septique digèrent une quantité significative de matériaux pour les transformer en solides dissouts ou gaz, ralentissant de ce fait le taux d'accumulation de solides dans le réservoir. Des bulles de gaz, qui s'élèvent du fond du réservoir où les bactéries fonctionnent, peuvent soulever des matières solides à la surface du liquide où elles pourraient être emportées avec l'effluent dans le drain d'infiltration. C'est un problème potentiel; elles obstrueraient le drain d'infiltration et occasionneraient l'eau usée à faire marche arrière et retourner dans la maison. Seulement les solides dissouts et en suspension devraient quitter le réservoir.

3.2 Dimension du réservoir septique

La grandeur du réservoir ne dépend pas du nombre de salles de bains dans la maison ou de la quantité d'installations et accessoires de plomberie, mais du nombre de chambres à coucher. Si un système doit être utile il doit être conçu à atteindre son objectif. La première chose à savoir pour la détermination de la dimension du réservoir est le nombre de personnes qui vivent dans la maison. Si ce nombre n'est pas connu, on peut assumer deux personnes par chambre à coucher. C'est pourquoi le nombre de chambres à coucher est important.

Pour déterminer la grandeur du réservoir septique on doit aussi savoir le minimum du temps de séjour des eaux usées dans le réservoir septique. Le temps de rétention ou temps de séjour est le temps que prend une molécule d'eau pour traverser le réservoir de l'entrée à la sortie; en d'autres termes c'est le temps durant lequel l'eau reste dans le réservoir. Le temps de séjour devrait être au moins deux jours. Le temps de séjour est déterminé en comparant le volume du réservoir à la quantité d'eaux usées qui tombent dans le réservoir. Un volume additionnel du réservoir devrait être considéré pour compenser la réduction du temps de séjour parce que les solides qui vont s'accumuler dans le réservoir diminueront son volume efficace. Il est important d'estimer la dimension du réservoir de deux à trois fois du volume des eaux usées produite par jour.

Par exemple, on peut assumer qu'une maison à trois chambres à coucher, a 6 résidants, en considérant 2 personnes par chambres à coucher. Puisqu'on peut fournir 75 gallons/personne, donc le volume, des eaux usées produites, est:

$$6 \times 75 = 450 \text{ gallons par jour (g/j)}$$

Avec un temps de séjour, de 2 jours, le volume du réservoir septique serait :

$$450 \text{ g/j} \times 2 \text{ jours} = 900 \text{ gallons}$$

En utilisant un facteur de correction de 1,25 pour donner du temps aux solides de s'accumuler, une maison à trois chambres à coucher devrait être servie par un réservoir de:

$$900 \times 1,25 = 1125 \text{ gallons}$$

Puisque le facteur de correction est quelque peu arbitraire; un réservoir septique de 1100gallons est une grandeur appropriée pour une maison de trois chambres à coucher. En fait, la norme nationale aux Etats-Unis comme établies par le Code Uniforme Américain de Plomberie (CUAP) est de 1000 gallons. Le code recommande les capacités des réservoirs septiques montrées dans le tableau 3.1.

Ces grandeurs recommandées tiennent également compte de l'utilisation des dispositions d'ordures, qui tendent à augmenter le taux d'accumulation de solides.

Tableau 3.1 Capacités recommandées pour un réservoir septique

Nombre de Chambres à coucher	Capacité du Réservoir Septique (gallons)
1 ou 2	750
3	1000
4	1200
5 ou 6	1500

Un réservoir septique peut être construit en un seul compartiment (Figure 3.1) mais il est plus convenable de construire des réservoirs à deux compartiments (Figure 3.2). En fait, les réservoirs à deux compartiments sont recommandés par le CUAP. Dans le réservoir à deux compartiments, le premier ou l'admission, devrait être au moins deux-tiers du volume total du réservoir. C'est dans ce premier compartiment que la majorité des solides se sont déposés et où la décomposition biologique est plutôt vigoureuse. Le deuxième compartiment est la chambre de clarification finale où presque toutes les parties solides qui restaient dans l'effluent et les plus petites particules légères se déposent au fond de réservoir.

L'efficacité du réservoir, pour permettre aux solides de se déposer au fond est proportionnelle à la surface du réservoir qui est la longueur multipliée par la largeur ; alors que la capacité de stockage du réservoir est proportionnelle à sa profondeur. Nous devons faire un compromis entre ces deux fonctions pour déterminer les dimensions du réservoir pour un volume donné. Le tableau 3.2 fournit les dimensions qui satisfont le CUAP.

Tableau 3.2 Dimensions intérieures recommandées pour réservoirs septiques

Volume (gal)	Longueur (pied)	Largeur	Hauteur (pieds)
750	8	3 pieds 6 po	5
1000	10	3 pieds 6 po	5
1200	12	3 pieds 6 po	5

Exemple 1. Construire un réservoir septique pour une maison de 4 chambres à coucher située à Mahotière, dans la commune de Carrefour. Considérant une production d'eaux usées de 350 litres par personne par jour.

Solution
D'ores et déjà nous assumons 2 personnes par chambre soit 8 personnes en total.

$$350 \text{ litres} = 0.35 m^3$$

$$\text{Volume d'eau usée} = 0.35 \times 8 = 2.8 m^3/\text{jour}$$

Avec un temps de séjour de 2 jours, le volume du réservoir est:

$$2,8 \; m^3/\text{jour} \times 2 \text{ jour} = 5,6 \; m^3$$

En utilisant un facteur de correction de 1,25 pour permettre l'espace aux solides de s'accumuler, le volume corrigé est :

$$5,6 \times 1.25 = 7 m^3$$

<u>Exemple 2</u>. Construire un réservoir septique pour une maison de 2 chambres à coucher à la Plaine dans la commune des Croix des Bouquets. Avec une production d'eau usée de 75 gal/personne.

Solution
$$\text{Volume d'eau usée} = 4 \times 75 = 300 \text{ gallons/jour}$$
Pour un temps de séjour de 2 jours, le volume du réservoir septique est :
$$2 \times 300 = 600 \text{ gallons}$$
avec un facteur de correction de 1.25, le volume est :
$$600 \times 1.25 = 750 \text{ gallons}$$
Se référant à la table 3.2 les dimensions du réservoir de 750 gallons sont:
$$\text{longueur} = 8 \text{ pieds}$$
$$\text{largeur} = 3 \text{ pied } 6 \text{ pouces}$$
$$\text{hauteur} = 5 \text{ pieds}$$
Si vous choisissez un réservoir de deux compartiments (voir comparaison à la section 3.5) alors les dimensions intérieures seront:
Compartiment 1 : 5 pieds 5 pouces x 3 pieds 6 pouces x 5 pieds
Compartiment 2 : 2 pieds 7 pouces x 3 pieds 6 pouces x 5 pieds

Note: une fois le volume du réservoir est déterminé, vous pouvez estimer les dimensions si vous choisissez d'ignorer le tableau 3.2. Vous devez cependant respecter les principes liant le volume aux dimensions, spécialement pour les réservoirs à deux compartiments.

1 gallon = 0.13368 pied cube
1 gallon = 0.003785 mètre cube

3-3 Capacités de réservoir septiques pour les établissements non résidentiels

Le calcul de la capacité du réservoir septique pour les installations non résidentielles est un peu différent d'une maison privée. Il exige la détermination de deux facteurs :
1- volume pour l'accumulation des solides et de l'écume,
2- volume d'effluent quotidien dans le réservoir septique.
La raison est que, dépendant de l'endroit, la production d'eaux usées peut suivre un pattern. La capacité efficace est donnée par la formule suivante :

Volume du réservoir = (S x PS x F) + (PL x CQ)

Où...
S = Taux d'accumulation de solide/écume par personne par an
PS = Nombre de personnes utilisant le système pour besoin solide,
F = Fréquence de nettoyage (par année) (Tableau 3.4)
PL = Nombre de personnes utilisant le système pour besoin liquide ou effluent,
CQ = Contribution quotidienne par personne.

Référez-vous au Tableau 3.4. Fréquences de pompage estimées du réservoir septique par années pour trouver la fréquence recommandée de nettoyage.

Le tableau 3-3 ci-dessous donne une gamme de valeurs pour S, PS, PL et CQ qui aideront à la détermination de la capacité du réservoir septique. Là où la charge du système change d'une valeur appréciable au jour le jour, une valeur de charge moyenne est utilisée pour calculer la capacité de l'accumulation de la partie solide et de l'écume

Dans presque tous les cas, la production journalière d'eaux usées varie d'un jour à l'autre. On ne peut qu'estimer des valeurs moyennes. En générale, la capacité de n'importe quel réservoir septique non résidentiel doit être de 428 gallons ou 1620 litres au minimum. Si le calcul utilisant le tableau 3-3 est moins que 428 gal on doit utiliser 428 gal ou 1620 litres.

Exemple
Calculez les dimensions d'un réservoir septique pour une école primaire où il y a 400 étudiants et 20 employés. On y trouve des urinoirs, éviers et des commodes modernes

Le volume du réservoir est donné par la formule :

Volume = (S x PS x F) + (PL x CQ)

Où S = 6, PS = 420, PL = 420, CQ = 5.5 (tableau 3.3)
Et F = 1 (tableau3.4)

Volume = (6 x 420 x 1) + (420 x 5.5) = 4830 gallons
Puisque 1 gallon = 0.13368 pied cube alors 4830 gal donnent 645, 6744 pieds cube et les dimensions du réservoir peuvent être :
Longueur = 12 pieds
Largeur = 8 pieds
Profondeur = 6.8 pieds

Tableau 3.3 Pout déterminer la capacité des Réservoirs septiques des établissements non résidentiels

Etablissement	Fonction	PS	S (gal)	PL	CQ (gal/Personne/jour)
Eglises	Urinoir, évier	Nombre quotidien moyen sur une période de 7 jours	6	le plus haut nombre quotidien sur une période de 7 jours	2.5
Bar/ Restaurant	Urinoir, évier de cuisine	Nombre quotidien moyen sur une période de 7 jours	2.5	le plus haut nombre quotidien sur une période de 7 jours	4
Restaurants	Urinoir, évier de cuisine	Nombre quotidien moyen sur une période de 7 jours	8.5	le plus haut nombre quotidien sur une période de 7 jours	5.5
Cafés (léger rafraîchissement, sandwichs, gâteaux)	Urinoir, évier de cuisine	Nombre quotidien moyen sur une période de 7 jours	7	le plus haut nombre quotidien sur une période de 7 jours	3
Ecoles	Urinoir, évier de cuisine	nombre total d'étudiants et de personnel	6	nombre total d'étudiants et de personnel	5.5

Etablissement	Fonction	PS	S	PL	CQ
Eglises	Urinoir, évier	Nombre quotidien moyen sur une période de 7 jours	6	le plus haut nombre quotidien sur une période de 7 jours	**2.5**
Hôtels	Urinoir, évier de cuisine, salle de bain, lessive	Nombre total de lits	15	Nombre total de lits	30
Hôpitaux	Urinoir, évier de cuisine, salle de bain, salle de lessive	Nombre total de lits plus personnels	20	Nombre total de lits plus personnels	40
Office de consultation médicale	Urinoir, évier de cuisine,	Nombre de personnes utilisant le système par jour	8	Nombre de personnes utilisant le système par jour	8
Usines, Bureaux commerciaux	Urinoir, évier de cuisine	nombre total d'employés par jour	7	nombre total d'employés par jour	8
Supermarket	Urinoir, évier	Pour une location	10	Pour une location	132
magasin	Urinoir, évier	Nombre quotidien moyen sur une période de 7 jours	6	le plus grand nombre quotidien sur une période de 7 jours	9

Tableau 3.4 Fréquence de Nettoyage	
Grandeur du réservoir	Fréquence de Nettoyage (année)
Moins de 1320 gallons	4
De 1320 gallons à 2640 gallons	2
Plus de 2640 gallons	1

3.4 Décharges interdites

On doit prendre des précautions à ne pas décharger les matières suivantes dans le réservoir d'un système septique:

- Eaux de pluie, y compris le surplus du réservoir d'eau de pluie que vous avez sur votre toit, et les eaux de drainage de surface pour ne pas remplir le réservoir inutilement.
- les eaux de votre piscine,
- toute serviette sanitaire, matière plastique ou tissu,
- Pétrole ou toute autre substance inflammable ou explosive,
- tout désinfectant ou désodorisant, antiseptique ou poudre ou fluide de germicide, à moins que leur usage est spécifiquement indiqué d'être convenable pour l'usage dans un réservoir septique

3.5 Comparaison de réservoirs à un seul compartiment et de réservoirs à multiple compartiments

Des études ont prouvé que les réservoirs qui ont une rétention ou temps de séjour de 2 jours présentent une amélioration sur les réservoirs ayant une rétention d'un jour. L'effluent partant du réservoir de capacité de 2 jours ou 48 heures aura une meilleure turbidité, moins de résidu après évaporation, et

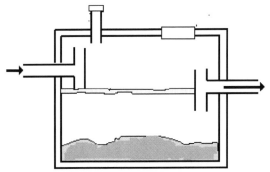

Figure 3.1 Réservoir à une chambre

moins de solides déposés. Pourtant la comparaison entre le réservoir ayant 72 heures de rétention et celui ayant une rétention de 48 heures, le réservoir de 72 heures a l'avantage d'une consommation réduite d'oxygène et d'une turbidité inférieure. D'une part, le réservoir de 48 heures a montré moins de résidus après évaporation, moins de solides suspendus et une plus petite accumulation de boue et d'écume. Ces trois derniers points, ainsi que le plus faible coût de construction du réservoir de 48 heures, lui donneraient l'avantage au moins pour la première année d'opération, mais cette capacité n'a aucune provision pour l'accumulation de la boue au-delà des années. Dans la conception d'un réservoir à une seule chambre ou de la première chambre d'un réservoir à multiple chambres, une allocation devrait être faite pour une période de rétention efficace de 48 heures avec 50% de capacité additionnelle pour le stockage de boue, soit une période de rétention totale de 72 heures. Ceci assurerait

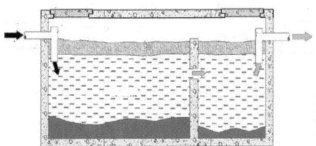

Figure 3.2
Réservoir
à deux chambres

l'opération efficace pendant une plus longue période sans nécessité de nettoyer le réservoir.

Des études ont prouvé également que des réservoirs avec une période de rétention totale de 72 heures et avec le même dosage d'eaux usées, le réservoir de deux chambres a donné les meilleurs résultats. L'avantage du réservoir de deux compartiments sur le réservoir de trois compartiments était évidemment dû au fait que la période de rétention et la distribution d'écume et de boue dans chaque compartiment du réservoir de deux compartiments était le plus propice pour la précipitation et la digestion des solides par l'action bactérienne. L'avantage des réservoirs de deux et de trois compartiments sur le réservoir à un seul compartiment est sans doute dû à la déflection additionnelle; en outre, la majeure partie de la boue dans les réservoirs de deux et de trois chambres a été stocké dans les premiers compartiments et gisement de gaz et perturbation ont été de ce fait éliminés près de la pièce en T de sortie des réservoirs.

Des recherches ont trouvé que pour une période de rétention totale de 2 jours, le réservoir à un seul compartiment a donné de meilleurs résultats que le réservoir de deux compartiments. Les résultats défavorables du réservoir de deux compartiments de 2 jours de séjour sont probablement dus au fait, qu'après un certain temps d'opération, une grande partie du premier compartiment est occupée par l'écume et la boue, réduisant de ce fait, la capacité efficace et la période de séjour ou de rétention au dessous du niveau requis, pour une collection et une digestion normale des solides.

Avec des réservoirs d'une capacité de rétention totale de 3 jours ou 72 heures, il y a un avantage en utilisant les réservoirs de deux compartiments, mais avec des réservoirs ayant une capacité de rétention totale de 2 jours ou 48 heures les réservoirs de deux compartiments n'ont aucun avantage. En d'autres termes, un réservoir de deux compartiments est désirable si le réservoir est assez grand pour fournir 2 jours ou 48 heures de séjour, ou plus, dans la première chambre.

Chaque compartiment additionnel produit une amélioration considérable de la qualité de l'effluent sur le compartiment précédent.

CHAPITRE 4

CONSTRUCTION DE RESERVOIR SEPTIQUE

4.1 Construction

Le réservoir septique est généralement fait en béton, en brique ou blocs de béton, mais il peut être de n'importe quel matériau non-corrosif et fort. Les fonds et les murs, s'ils sont construits en béton (versé en place), devraient être au moins de 5 pouces d'épaisseur, et le dessus, de 4 pouces d'épaisseur. Toutes les sections murales de plus de 6 pieds de long devraient être armées. Le dessus devrait être armé de fer espacé de 6 à 9 pouces l'un de l'autre. Si des blocs sont employés pour les murs et la cloison verticale, ils doivent être de qualité supérieure pour résister à la pression de la terre, des eaux souterraines et des propriétés corrosives des eaux usées.

Le réservoir doit être équipé de portes d'inspection dans les deux compartiments. Deux trous d'homme, un sur chaque compartiment, sont aussi recommandés. Ces trous devraient être au minimum de 20 pouces de diamètre. Si pour une raison ou pour une autre, le réservoir doit être enterré très profond, il faut prolonger les trous d'homme à environ 8 pouces de la surface du sol pour faciliter l'ouverture.

Des déflecteurs ou des pièces en T (té) devraient être utilisés à l'admission et à la sortie du réservoir. Le déflecteur ou le té à l'entrée ralentit l'eau et réduit la perturbation de la couche solide qui s'étend au fond du réservoir. Des déflecteurs sont préférés puisque les pièces en té sont plus faciles à boucher. Le déflecteur ou la pièce en té (T) à la sortie sert à limiter le passage des matériels flottant dans le drain de sortie au champ d'absorption. Le Département de la Santé des Etats-Unis, dans son « Manuel pratique de réservoir septique » (*Manual of Septic Tank Practice*), recommande que le fond de la pointe inférieure du tuyau d'admission doit être au moins de 3 pouces plus haut que le tuyau de sortie pour empêcher le refoulement. La pièce en T ou le fond du déflecteur à l'entrée devrait prolonger de 6 à 12 pouces plus bas que la surface du liquide, et le haut devrait se prolonger à environ 1 à 2 pouces du plafond du réservoir. L'espace au-dessus est nécessaire pour laisser passer les gaz.

Si des déflecteurs sont utilisés, on doit considérer un moyen pour guider les gaz venant de la couche de boue. Souvent les solides se lèvent avec les gaz. Ils pourraient bloquer l'admission ou la sortie et pourraient être déchargés dans le champ d'épuration. Le fond de la surface intérieure du tuyau de sortie est, naturellement, au dessous du niveau de la surface du liquide. Le « Manuel pratique de réservoir septique » suggère que le fond de la pièce en T ou du déflecteur de sortie soit prolongé à une distance au-dessous de la surface du liquide à une profondeur égale à 40% de la profondeur totale du liquide. Le haut du T ou du déflecteur devrait également fournir l'espace pour le passage des gaz.

Le mur de séparation entre les compartiments doit également avoir du passage pour les gaz, ceci est généralement réalisé par une ouverture horizontale de 2 pouces par 8 pouces au-dessus de la cloison. L'écoulement du liquide d'un compartiment à l'autre est souvent effectué par un ajustage en forme d'un L dans la cloison ou simplement par une ouverture dans la cloison. Le fond de ce L (si cette pièce est utilisée), (figure 4.2) devrait être au-dessus de la moitié de la profondeur du liquide. Une fente dans la cloison (figure 4.3) facilite le passage de l'eau d'un compartiment à l'autre et réduit le risque

Figure 4.1 Réservoir Septique à un compartiment

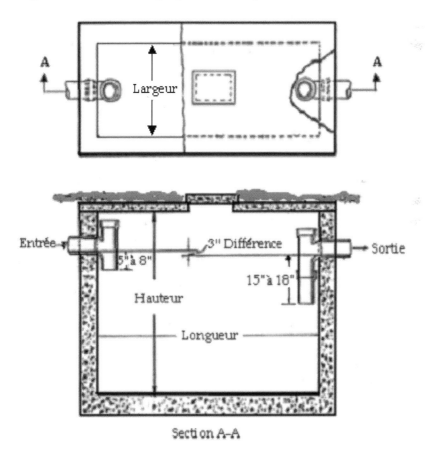

Figure 4.2 (a) Réservoir Septique à deux compartiments avec une

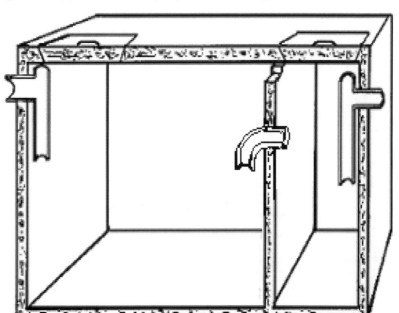

Figure 4.2(b) Réservoir Septique à deux compartiments avec une ouverture de la cloison

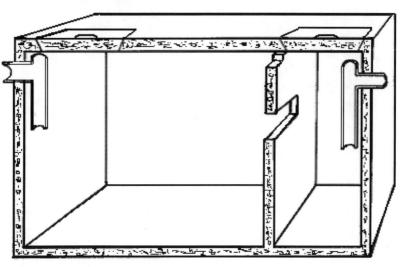

FIG. 4.3 RESERVOIR SEPTIQUE EN BETON ARME

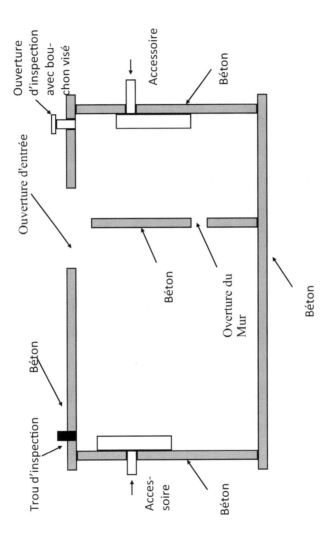

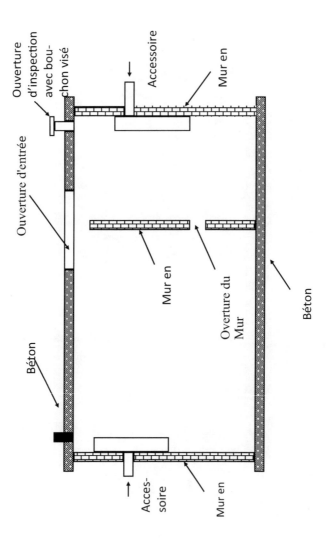

FIG. 4.4 RESERVOIRE SEPTIQUE EN BRICK OU BLOQUE

de de blocage. Il est donc préférable d'avoir une ouverture dans la cloison au lieu d'utiliser la pièce d'ajustage en forme de L.

Le niveau du liquide lui-même ne devrait pas dépasser environ 80% de la profondeur totale du réservoir. Le reste du volume environ 20% au-dessus du niveau du liquide devrait fournir l'espace pour l'accumulation de l'écume flottante.

La conception typique de réservoirs septiques est représentée par les figures 4.2, 4.3 et 4.4. C'est à dire qu'un réservoir à deux chambres est toujours préférable. Si le pompage ou le dosage de l'effluent à un système de disposition est nécessaire ou désiré, on peut attacher un troisième compartiment à la sortie du réservoir pour servir de chambre de dosage ou de pompage.

4.2 Réservoirs préfabriqués

Il existe également des réservoirs préfabriqués. Ils sont faits soit en béton, soit en acier, soit en fibre de verre ou plastique. Ils peuvent être des cylindres horizontaux ou verticaux, parallélépipèdes ou rectangulaires (figure 4.5), dépendant du fabricant. Si vous achetez un réservoir préfabriqué, vérifiez pour voir si les caractéristiques de conception nécessaires mentionnées ci-dessus sont présentes, si le réservoir est assez fort et si les surfaces exposées ne seront pas corrodées excessivement.

Le réservoir septique devrait être situé assez loin de la maison pour ne pas poser un problème à la fondation au cas où il y aurait une fuite, et assez loin des puits et des ruisseaux ainsi pour qu'ils ne posent pas un problème de pollution.

Si vous installez un réservoir préfabriqué, le fond de l'excavation qui va tenir le réservoir septique devrait être à niveau de sorte que l'écoulement assumé dans la conception du réservoir soit respecté. Essayez de réaliser la profondeur appropriée pour le fossé du tuyau de drainage de la maison et le trou du réservoir septique, sans faire usage de remblayage, parce que tous les deux, le drain de maison et le réservoir septique devraient se reposer sur la terre ferme. Si le remblai est nécessaire, utilisez le sable pour réduire au minimum les mouvements potentiels.

Après que le réservoir soit placé dans le trou et les orifices d'entrée et de sortie soient connectés, réparez les dommages s'il y en a et puis remblayez autour du réservoir.

Les réservoirs septiques préfabriqués peuvent venir en des formes différentes: carré, rectangulaire, cylindrique, horizontal, vertical. Ils viennent en une large gamme de grandeurs et de formes.

Figure 4.5 Quelques Formes de Réservoirs Septiques Préfabriqués

(a) Béton

(b) Plastique

(c) Polyéthylène

4-3 Conclusion

Pour réitérer les suggestions des chercheurs, ces recommandations ont été formulées :

A) Pour calculer le volume d'un réservoir septique, nous devrions considérer le nombre de personnes dans la maison comme suit : pour 7 personnes on utilise 25 litres par personne et par jour ; pour 9 personnes, 23 litres par personne et par jour ; pour 12 personnes, 20 litres par personne et par jour ; et pour 15 personnes, 18 litres par personne et par jour

B) Un réservoir à chambre unique devrait prévoir une période de rétention efficace de 48 heures, avec une allocation de 50% de capacité supplémentaires pour les boues et écumes, ou une période de rétention totale de 72 heures d'écoulement des eaux usées. Cela permettra l'accumulation des boues afin de rendre possible un service pour une plus longue période sans nettoyage du réservoir.

C) Pour un système plus efficace, il est préférable d'utiliser un réservoir de deux chambres. Il devra fournir une période de rétention de 72 heures dans la première chambre, en d'autres termes, comme dans le réservoir à chambre unique, il devra fournir une rétention efficace durant une période de 48 heures, avec une capacité supplémentaire de 50% pour l'accumulation des boues et une période de rétention supplémentaire de 36 heures à la seconde chambre, ou une période de rétention totale de 108 heures.

D) Un réservoir de dimension minimale devrait être assez grand pour 7 personnes afin d'avoir assez d'espace pour les solides de se poser au fond et afin de permettre aux personnes supplémentaires de vivre dans la maison ; la réduction du coût de construction est faible quand on le compare avec le coût de construction des plus petits réservoirs; si moins de 7 personnes l'utilisent, le système de la capacité supplémentaire assurera une opération plus efficace et des nettoyages moins fréquents.

E) Utiliser le réservoir à coupe transversale de 3 pieds de large par 4 pieds de profondeur. On a trouvé que c'est une coupe économique pour les tanks septiques servant 7 à 15 personnes.

L'avantage du réservoir à chambre unique sur le réservoir de deux chambres est le coût de la construction, mais le réservoir de deux chambres a d'importants avantages, tels que moins de solides passent avec l'effluent; il y a moins de risque de bouchage du champ d'épuration; le réservoir fonctionnera plus efficacement pendant une plus longue période sans nettoyage ; et parce que la durée de rétention est plus longue moins d'organismes pathogènes sortiront avec l'effluent.

Compte tenu des avantages ci-dessus mentionnés, le réservoir de deux chambres est recommandé pour de meilleurs résultats et pourrait bien être considéré comme standard dans tous les cas. Cependant, le réservoir à chambre unique peut donner de bons résultats là où l'évacuation finale de l'effluent n'est pas un grave problème. Ce serait particulièrement vrai quand l'une ou plus de ces conditions existent: (a) le champ d'absorption situé en terrain poreux, sol bien-drainé; (b) il y a assez d'espace disponible pour le champ d'absorption. (c) l'eau d'approvisionnement est dans un endroit bien protégé; et (d) une petite famille de deux à quatre personnes utilise le réservoir.

Système septique - Guide pratique à l'assainissement autonome

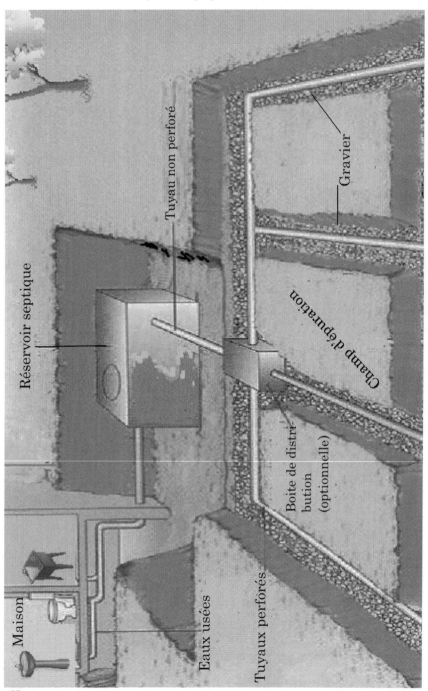

CHAPITRE 5

CHAMP D'ÉPURATION

La fonction du champ d'épuration est de recevoir les eaux clarifiées ou effluent du réservoir septique et de les décharger dans le sol. Le sol assainit ce liquide en décomposant ses substances biodégradables et en détenant les vers parasites, leurs œufs et les microbes. Le liquide assaini se disperse par infiltration, évaporation et transpiration.

Il y a plusieurs types de champs d'épuration: lignes d'infiltration, tranchées profondes, puits d'infiltration, lit d'infiltration, et monticules de sable. Les types les plus courants de champs d'épuration sont la ligne d'infiltration, le lit d'infiltration et le puits d'infiltration. La ligne d'infiltration est le système le plus fréquemment utilisé. Là où les restrictions du terrain empêchent l'utilisation du système de lignes d'infiltration, on devrait choisir le système le moins complexe et moins cher qui peut surmonter les limitations du terrain. Il y a des systèmes pratiques pour résoudre presque n'importe quel genre de limitation qu'on pourrait rencontrer.

5.1 Lignes d'infiltration

La ligne d'infiltration est la méthode traditionnelle de champs d'épuration. Toutes les fois qu'il est possible vous devriez installer la ligne d'infiltration. Elle est la méthode d'évacuation d'eaux usées en site la plus fiable et la moins chère.

Quand l'étude du terrain détermine qu'il n'y a aucun problème avec le type du sol, la pente ou aucun autre facteur difficile, un champ d'épuration composé de lignes d'infiltration est probablement la méthode d'évacuation de l'effluent d'un réservoir septique la plus rentable, la plus simple, la plus fiable et souvent la plus facile à installer. Si, bien conçu, bien construit et bien entretenu, un système de lignes d'évacuation en tranchée devait durer un très long temps et poser très peu de problèmes. On estime la durée moyenne d'un tel système de 15 à 20 ans.

Comme nous l'avons déjà mentionné, le sol non-saturé peut fournir d'excellent traitement à l'effluent d'eaux usées. Si la nappe phréatique n'est pas trop proche du fond de la tranchée et le sol est modérément perméable et si le taux de la décharge d'eaux usées dans le sol n'est pas trop élevé, la concentration des particules y compris des bactéries et des virus devrait être réduite considérablement. Dans ce cas, l'effluent ne devrait poser aucun risque quand il atteint les systèmes aquifères.

Le liquide quittant les lignes d'absorption réparti au fond de la tranchée, avec le temps, les crasses et autres particules de l'effluent supportent le développement d'une natte d'obstruction ou couche d'engorgement sur le sol mouillé. Cette natte se compose, la plupart du temps, de bactéries et de produits bactériens. Cette natte généralement s'étend dans la terre mouillée à une épaisseur d'environ 1 ou 2 pouces. Si la surface du sol mouillé est bien aérée (aérobie), une variété de nématodes du sol et de protozoaires digèrent les bactéries de la natte. Cette natte est la première barrière et la plus efficace en prévenant la pollution des eaux souterraines. Elle fournit la filtration et la rupture des matières solides et la transformation de certains produits chimiques. La natte est réellement utile. C'est là que se passent les activités biologiques les plus vigoureuses et c'est dans cette natte que les matières biodégradables et la plupart des microbes sont consommés. Elle filtre la majorité des microbes pathogènes et parasites. Elle délivre le liquide au sol à un taux généralement plus lent que le sol peut absorber, de telle sorte que le sol reste toujours non-saturé.

La natte aérobie est plus perméable que la natte anaérobie. Dans des conditions très anaérobies, la perméabilité de la natte peut être grandement réduite. Ce ralentissement de la vitesse d'infiltration doit être considéré dans les calculs du champ d'épuration.

Avec le temps, la natte peut couvrir toute la surface inférieure de la tranchée des lignes d'infiltration et puis elle peut monter sur les surfaces latérales. De plus, si l'écoulement quotidien des eaux usées dans les lignes excède la quantité qui peut s'infiltrer par la natte et par les restes de sol qui ne sont pas encore bouchés, les eaux usées sortiront à la surface du champ d'absorption. Quand ceci arrive, on dit que le champ d'épuration a échoué.

5.1.1 Comment construire une ligne d'infiltration

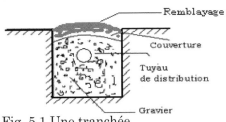

Fig. 5.1 Une tranchée

Vous pouvez utiliser n'importe quel outil que vous vous sentez approprié pour creuser les tranchées y compris la pelle. Après avoir creusé votre tranchée à la profondeur calculée, vous ajoutez du gravier au fossé. La surface de gravier doit être à niveau pour recevoir les tuyaux perforés. Vous pouvez établir le niveau en tirant une corde dans la tranchée à la hauteur désirée. Après qu'on s'être assuré que la corde soit au niveau, on ajoute le gravier à la hauteur de la corde.

Le gravier devrait être des roches dans la gamme de 0.75 pouce à 2.5 pouces de diamètre.

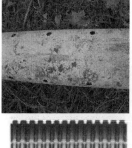

Fig. 5.2 (a) Creusement de tranchées

Les roches devraient être lavées de sorte qu'aucune particule fine ne se lave dans les tranchées pour boucher les pores du sol. La plupart des roches écrasées et surtout les roches de la rivière conviennent parfaitement pour ce travail mais il y a une certaine qualité de roches, telle que les pierres à chaux, qui se dessoudent avec le temps et laissent une couche de ciment dans les tranchées. Il faut chercher à les éviter. Les coquilles écrasées feront la même chose, elles ne sont pas appropriées pour les fossés non plus.

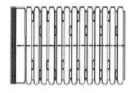

Fig. 5.2 (b) Tuyaux perforés

Maintenant, creusez une tranche étroite de la sortie du réservoir septique jusqu'au début du fossé d'absorption. Cette tranche devrait s'aligner avec le fond de l'extrémité du fossé d'absorption. Si le sol est rocheux, creusez la tranchée un peu plus profondément et ajoutez le sable. Le passage de l'eau dans le tuyau causera de légers mouvements du tuyau, avec le temps il peut en résulter à l'usure ou le dommage du tuyau à l'endroit où il est en contact avec des roches.

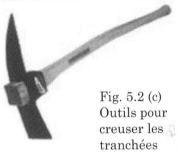

Fig. 5.2 (c)
Outils pour creuser les tranchées

C'est pourquoi nous conseillons d'ajouter du sable dans les sols rocailleux. Ce tuyau ne doit pas être perforé. La pente de ce tuyau liant le réservoir septique au champ d'épuration ne devrait pas être moins que 0.25 pouce par pied. Le tuyau PVC plein de 4 pouces est habituellement utilisé ; des tuyaux d'argile, peuvent être aussi utilisés. Reliez une extrémité de ce tuyau à la sortie du réservoir septique et découpez l'autre extrémité dans le fossé de déchargement.

Maintenant, placez les tuyaux perforés de distribution sur le gravier et vérifiez le niveau. Ils doivent être nivelés. S'il existe une pente, elle ne devrait pas excéder 3 pouces par 100 pieds. Reliez les sections, les trous sont placés vers le bas et l'extrémité des tuyaux doit être fermée. Si des tuyaux d'argile sont sélectionnés, couvrez la moitié supérieure des joints avec des morceaux courbés de métal galvanisé. Le gravier devrait être ajouté à environ 2 pouces au-dessus du tuyau pour protéger les trous contre les poussières du remblai.

Après que le tuyau de distribution soit placé, et que toutes les tranchées soient reliées, du gravier est placé au-dessus des tuyaux de distribution, et une couche de papier ou tissu synthétique, est placée au-dessus du gravier (fig. 5.8), on procède maintenant au remblayage des fossés. Quand vous remblayez vous devez élever le sol un peu au-dessus des fossés parce qu'il va baisser plus tard par compression normale. Même après la compression, il devrait avoir une monticule au-dessus des fossés de sorte que l'eau de pluie n'entre pas dans les fossés et ne surcharge pas le système. En outre, il faut fournir des canaux de sorte que l'écoulement d'eau de pluie ne s'accumule pas du côté ascendant des monticules. Enfin, plantez des herbes pour conserver le sol au-dessus des monticules et pour empêcher l'érosion du sol des monticules. Ne plantez pas de grands arbres, leurs racines peuvent causer de dommages aux tuyaux de distribution. Gardez un plan du réservoir septique et du champ d'épuration, il peut aider à prévenir du souci plus tard, quand vous aurez besoin de localiser les lignes.

5.1.2 Dimension des tranchées

Il y a plusieurs méthodes pour calculer la dimension d'un champ d'épuration. Aux Etats Unis, les méthodes les plus utilisées sont : le Manuel de Conception de l'Agence de Protection de l'Environnement, (*Onsite Wastewater Treatment and Disposal Systems* ou Système de traitement des eaux usées et d'élimination sur place), les principes du Département de la santé publique et du bien-être social dans son « Manuel pratique de réservoir septique » (*Manual of Septic Tank Practice*) et les recommandations des Codes uniformes de plomberie. Il y a également l'approche de Ryon utilisée dans l'ouvrage

« *Septic Tank Practices* » par Peter Warshall, qui diffèrent grandement des normes présentées ci-dessus. Les normes exigent qu'on utilise le nombre de chambres à coucher dans une maison pour dimensionner un champ d'absorption, Peter Warshall a trouvé l'idée un peu stupide. Il recommande qu'on se serve plutôt de son bon sens en examinant le nombre de personnes dans la maison, leurs habitudes, coutumes et autres facteurs. Pour la pratique, en Haïti, les standards ne sont pas tout à fait applicables. Leur conception est basée sur des données qui ne sont pas supportées par la réalité haïtienne. Toutefois, ils peuvent vous donner une idée pour dimensionner un champ d'épuration. Les grandeurs dans ces standards sont les mesures maximales. Il serait mieux d'utiliser les données de Rayon dans la pratique en Haïti.

5.1.3 Les standards

Les recommandations ou les exigences faites par l'Agence américaine de la protection de l'environnement, dans son manuel « Système de traitement des eaux usées et d'élimination sur place », par le Département de la Santé publique et du

Tableau 5.1 Surface du fond (en pieds carrés) recommandée par l'Agence de Protection de l'Environnement américain

Taux d'Infiltration Minute/ pouce	Nombre de chambres à coucher					
	1	2	3	4	5	6
1 - 5	125	250	375	500	625	750
6 - 15	188	275	563	750	938	1125
16 - 30	250	500	750	1000	1250	1500
31 - 60	333	667	1000	1333	1667	2000
61 - 120	625	1250	1875	2500	3125	3750

Tableau 5.2 Surface du fond (en pieds carrés) recommandée par le Manuel de la pratique en matière septique de réservoir

Taux d'Infiltration Minute/pouce	Nombre de Chambres à Coucher					
	1	2	3	4	5	6
1 ou moins	70	250	320	280	350	420
2	85	170	255	340	425	510
3	100	200	300	400	500	600
4	115	230	345	460	575	690
5	125	250	375	500	625	750
10	165	330	495	660	825	990
15	190	380	570	760	950	1140
30	250	500	750	1000	1250	1500
45	300	600	900	1200	1500	1800
60	330	660	990	1320	1650	1980

Tableau 5.3 Surface du fond (en pieds carrés) exigée par le Code Uniforme de Plomberie

Taux d'Infiltration Minute/pouce	Nombre de Chambres à Coucher					
	1	2	3	4	5	6
1 - 5	150	150	200	240	300	300
6 - 15	188	188	250	300	375	375
16 - 30	300	300	400	480	600	600
31 - 60	675	675	900	1080	1350	1350
61 - 120	900	900	1200	1440	1800	1800

bien-être Social américain dans son « Manuel pratique de réservoir septique » et par les Codes uniformes de plomberie sont considérés comme normes dans la conception de champ d'épuration. Elles établissent la surface minimum du fond de la tranchée par rapport au type de sol ou taux d'infiltration.

En général les tranchées sont de 4 pieds de profondeur. Assez souvent le terrain a quelques limitations et vous êtes obligés de fixer la longueur ou la largeur des tranchées, mais vous ne pouvez pas fixer les deux dimensions sans respecter la surface minimum du fond des tranchées recommandée ou exigée par les normes. La surface étant le produit de la longueur du fossé par sa largeur, si la longueur est dictée par l'emplacement on peut alors déterminer la largeur appropriée. Dans de conditions normales une tranchée devrait être de 3 pieds de large. La dimension des tranchées est une fonction du type de sol et de la grandeur du réservoir septique. Le type de sol est plutôt caractérisé par son taux de percolation. C'est une équation un peu complexe. Plusieurs groupes ont proposé des méthodes pour déterminer la dimension des tranchées. Les méthodes les plus fréquemment utilisées sont: l'Agence américaine de la protection de l'environnement, dans son manuel « Système de traitement des eaux usées et d'élimination sur place », le Département de la santé publique et du bien-être social américain, dans son « Manuel pratique de Réservoir Septique » et les Codes Uniformes de Plomberie. Une version simplifiée de ces recommandations sont présentées dans les tableaux 5.1, 5.2 et 5.3 donnant la surface du fond des tranchées en sachant le taux d'infiltration et le nombre de chambres à coucher.

Nous devrions noter, qu'un sol avec un taux d'infiltration de moins de 1 minute/pouce n'est pas approprié pour installer un champ d'épuration.

Exemples

Une maison de 3 chambres à coucher localisée quelque part dans une banlieue de la ville du Cap. Vous visitez l'emplacement, vous estimez que le terrain est relativement plat et il y a beaucoup d'espace. Vous décidez qu'un système de ligne d'infiltration sera convenable.

Vous conduisez des tests d'infiltration et vous trouvez un taux moyen d'infiltration de 30 minutes par pouce.

A) En utilisant le tableau 5.1 on voit que pour un taux d'infiltration de 30 min/pouce et 3 chambres à coucher, la surface du fond des tranchées recommandées par l'Agence de protection de l'environnement américain est 750 pieds carrés.

Après avoir examiné l'emplacement, vous fixez la profondeur des tranchées à 3 pieds et la largeur également à 3 pieds. La surface du fond étant la longueur multipliée par la largeur, alors la longueur de la tranchée est :

$$\text{Longueur} = \frac{\text{surface du fond}}{\text{largeur}} = \frac{750}{3} = 250 \text{ pieds}$$

Le champ d'absorption peut alors être construit en trois lignes parallèles de 83.3 pieds chacune. Cela dépend de la dimension du terrain, on pourra choisir de préférence 4 lignes de 62.5 pieds ou 5 lignes de 50 pieds.

B) En utilisant le tableau 5.2 pour un taux d'infiltration de 30 minutes par pouce et de 3 chambres à coucher, la surface du fond recommandée par le Manuel pratique de septique de réservoir est 750 pieds carrés. La longueur totale de tranchées sera également :

$$\text{Longueur} = \frac{\text{surface du fond}}{\text{largeur}} = \frac{750}{3} = 250 \text{ pieds}$$

Le résultat est le même avec le tableau 5.1

C) Si on a choisi d'utiliser le tableau 5.3, on trouve que la surface du fond exigée par le Code Uniforme de Plomberie est 400 pieds carrés. Comme la profondeur et la largeur ont été fixées à 3 pieds alors la longueur de la tranchée est :

$$\text{Longueur} = \frac{\text{surface du fond}}{\text{largeur}} = \frac{400}{3} = 133.33 \text{ pieds}$$

On peut construire dans ce cas un champ d'épuration avec une ligne d'infiltration de 133.33 pieds ou 2 lignes de 67 pieds ou même 3 lignes de 44.5 pieds; dépendant de l'emplacement il peut être préférable de choisir 4 lignes de 33.3 pieds ou 5 lignes de 26.6 pieds.

N.B. Il faut noter que ces mesures sont des dimensions maximales.

5.1.4 L'approche de Ryon

Henry Ryon a développé une relation entre le taux d'infiltration et les surfaces latérales des tranchées (tableau 5.4). Le diagramme est développé à partir de son expérience, les données sont donc de grosses estimations mais elles se sont prouvées assez efficaces pour le calcul du champ d'épuration. Ryon considère la surface latérale où l'infiltration est active au lieu de la surface du fond parce qu'il estime qu'après une courte

Tableau 5.4 Relation entre le taux d'infiltration et les surfaces latérales des tranchées d'après Ryon

Taux d'Infiltration (minute/pouce)	Maximum Taux de Chargement (gallon/*pied carré/jour)
1 ou moins	2.5
2	2.0
3	1.6
4	1.4
5	1.3
10	1.0
20	0.72
30	0.48
40	0.42
60	0.36

*Surface latérale où l'infiltration est active

Tableau 5.5 Estimation de production d'eau résiduaire

Famille modeste	40 à 55 gallons par personne par jour
Avec appareils de ménage luxueux	75 à 100 gallons par personne par jour
familles négligentes qui gaspillent l'eau	jusqu'à 150 gallons par personnes par jour

durée l'infiltration sera pratiquement négligeable à travers la surface du fond des tranchées, à cause de la natte d'obstruction ou couche d'engorgement. Il suppose que la natte formée par le dépôt des crasses et autres particules de l'effluent au fond de la tranchée devient imperméable très rapidement. Sa théorie est que « l'infiltration ne continue que par les surfaces latérales ».

Pour déterminer la quantité d'eau utilisée dans une maison, il n'emploie pas le nombre de chambres à coucher comme les autres méthodes mais plutôt le nombre de personnes dans la maison et leurs habitudes. En Haïti par exemple on dort dans n'importe quelle pièce de la maison. Une maison d'une chambre à coucher peu accommoder plus de deux personne dans notre coutume. Cette méthode est plus adaptée à notre réalité. Dans une famille modeste, il estime la production d'eau usagée de 40 à 55 gallons par personne et par jour. Une famille modeste est une famille qui n'a aucun équipement de luxe. S'il y a des appareils de ménage luxueux tels que le lave-vaisselle, machine-à-laver de vêtements, on estime l'utilisation d'eau de 75 à 100 gallons par personne et par jour. Si les membres d'une famille sont négligents et ils gaspillent l'eau, on croît que l'utilisation d'eau peut être estimée jusqu'à 150 gallons par personnes par jour.

Le taux de chargement est la quantité d'eau usée qui peut être infiltrée par pied carré de sol dans le champ de drainage chaque jour. Le taux de chargement peut être déterminé à partir du taux d'infiltration. Cette relation est donnée dans le tableau 5.4. La surface en question est la surface d'infiltration efficace des surfaces latérales. La surface latérale d'infiltration efficace est le produit de la profondeur efficace de la tranchée par la longueur. La profondeur efficace du fossé est la distance du dessus du tuyau au fond du fossé. Par exemple, si la tranchée est de quatre pieds de fond et le dessus du tuyau est d'un pied au-dessous du niveau de sol, la profondeur efficace est seulement 3 pieds.

Pour déterminer la surface latérale requise, on divise la quantité journalière d'eau entrant dans le réservoir septique par le taux de chargement. De la surface latérale vous pouvez déduire la longueur de tranchée nécessaire. L'équation est la suivante:

$$\text{Longueur de tranchée nécessaire} = \frac{\text{totale surface laterale requise}}{2(\text{profondeur efficace})}$$

(Le 2 du dénominateur c'est pour les deux surfaces latérales de la tranchée)

Figure 5.3 Profondeur efficace d'une tranchée

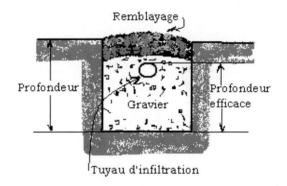

Cette méthode vous permet cependant de modifier et de manipuler les chiffres, en utilisant des données additionnelles telles que la géologie, le sol et les informations climatiques qui sont disponibles. Vous pouvez même utiliser vos aptitudes d'ingénier ou de technicien pour arriver à la dimension qui s'applique à chaque situation donnée. Alors utilisez votre jugement et ingéniosité. Je recommande cette dernière méthode pour vos applications en Haïti, puisque les normes ci-dessus étaient établies considérant seulement des paramètres et la réalité aux Etats Unis d'Amérique.

Exemple

Prenons la même maison de trois chambres à coucher localisée quelque part dans une banlieue du Cap-Haïtien. Présentement 5 personnes vivent dans la maison, le père, la mère et 3 enfants, mais ils donnent l'impression que la maman de la femme pense à les joindre sous peu et ils parlent également, à faire entrer de Pilate, 2 petits neveux, pour les inscrire au Collège Notre Dame ou au Lycée, l'année prochaine. Alors on doit concevoir un système pour au moins 8 personnes. Chacun d'eux prend au moins un bain par jour. Il n'y a aucun appareil luxueux dans la maison.

Une visite de l'emplacement montre qu'il est approprié pour un champ d'absorption en lignes d'infiltration. Le test d'infiltration est effectué et l'on trouve un taux d'infiltration de 30 min/pouce. Nous fixons la profondeur des tranchées à 3 pieds et la largeur également à 3 pieds.

Total usage d'eau

S'il n'y a pas un système séparé pour les eaux grises, on assume que toutes les eaux usées iront dans le réservoir septique et par suite, dans le champ d'épuration. Comme les personnes ne gaspillent pas de l'eau et ils prennent seulement un bain par jour on peut estimer l'usage d'eau à partir du tableau 5.5 à 40 gallons par personne par jour.

Volume total d'eaux résiduaires = 40 x 8 = 320 gallons/jour

Taux de chargement

A partir du tableau 5.4 pour un taux d'infiltration de 30, le taux de chargement est 0.48 gallon/pied carré/jour

Surface latérale requise

$$\text{Surface latérale requise} = \frac{\text{Totale d'eau usée}}{\text{taux de chargement}} = \frac{320}{0.48}$$

$$= 666.67 \text{ pieds carrés}$$

La profondeur efficace

La profondeur de la tranchée étant 3 pieds et on va placer le tuyau à un pied au-dessous du sol, alors la profondeur efficace est 2 pieds.

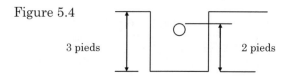

Figure 5.4
3 pieds   2 pieds

Longueur de tranchée nécessaire

La longueur de tranchée est calculée par l'équation:

$$\text{Longueur de tranchée nécessaire} = \frac{\text{totale surface laterale requise}}{2 \text{ (profondeur efficace)}}$$

$$\text{Longueur de tranchée nécessaire} = \frac{666.67}{2 \times 2} = 166.67 \text{ pieds}$$

Dans ces conditions une seule ligne serait de 166.67 pieds de long, mais trois lignes en parallèle auraient une longueur de 166.67 / 3 = 55.56 pieds chacune. Si l'espace ne permet pas de construire 3 lignes de 55.56 pieds on peut toujours considérer 4 lignes de 41.6 pieds ou 5 lignes de 33.3 pieds.

5.1.5 Types d'arrangements

Un système de tranchées peut être arrangé de différentes façons. Les pratiques courantes de conception utilisent trois types d'arrangements : en parallèle, en boucle et en série (voir figures 5.6, 5.8, 5.9).

A. <u>Tranchée en parallèle</u>

Le système de tranchée en parallèle est le plus fréquemment utilisé mais, il est plutôt adapté aux terrains qui sont plus ou moins nivelés. Les eaux à traiter du réservoir septique, arrivent aux lignes de dégagement par une boîte de distribution. La boîte de distribution continue souvent à se mouvoir pour s'établir dans le sol. Pour cette raison, l'effluent n'est pas distribué également dans les lignes d'infiltration. Il est donc pré-

Figure 5.6 Tranchées en parallèle sans et avec une boite de distribution

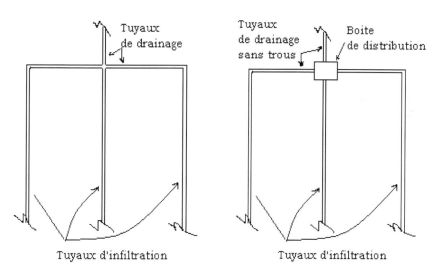

férable que la boîte soit posée sur une dalle de béton ferme. Le système peut fonctionner aussi bien sans la boîte de distribution. Elle est totalement optionnelle. En omettant la boite, non seulement vous prévenez des problèmes potentiels que la boîte pourrait causer mais aussi, vous sauvez le coût de sa construction.

Figure 5.7 Boite de Distribution

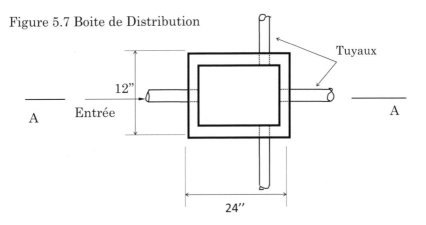

Figure 5.7 (a) Section AA

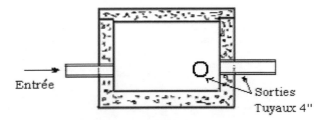

Figure 5.7 (b) Exemple d'une boite de distribution préfabriquée

Boite de distribution

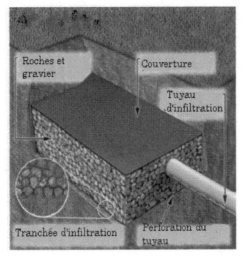

Figure 5.8
Cette section montre l'arrangement d'une tranchée d'infiltration. Les trous d'infiltrations sont seulement à la surface inférieure tuyau. La couverture est pour empêcher de la terre d'entrer entre les roches.

B- <u>Tranchée en boucle</u>

Quand un système de tranchée en boucle est correctement installé, il a la tendance, plus que le système de tranchée en parallèle, à distribuer l'effluent d'une manière égale dans les lignes latérales. Les eaux à traiter du réservoir septique, arrivent aux lignes formant la boucle par une boîte de distribution. Ici encore, pour les mêmes raisons mentionnées ci-dessus, l'utilisation d'une boîte de distribution n'est pas néces-

Figure 5.9 Tranchée en boucle

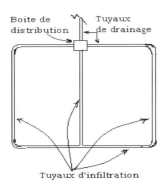
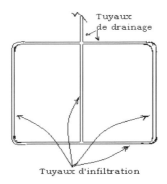

saire. Le système de tranchée en boucle est plus approprié aux terrains pratiquement nivelés.

C. Tranchée en série
Le système de distribution en série est applicable aux terrains à pente. Les tranchées s'étendent parallèlement au contour du terrain en série descendante. Puisque c'est une seule ligne, une boîte de distribution n'est pas nécessaire dans ce système, cependant quand on descend une pente, des boîtes de descente sont nécessaires pour passer d'un niveau à l'autre. La boîte de descente laissera tomber l'effluent à la deuxième tranchée à un niveau plus bas que la première tranchée et ainsi de suite.

Figure 5.10.1 Tranchée en série sans boite de descente

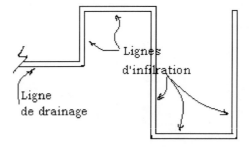

Figure 5.10.2 Tranchée en série avec boite de descente

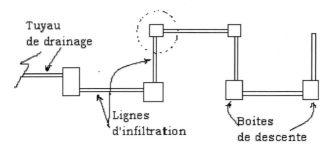

Figure 5.11 La boîte de descente

D- <u>Champs alternés</u>

Pour une plus grande efficacité, deux systèmes peuvent être utilisés en parallèle. Un système est en opération, l'autre peut se reposer. Chaque champ d'absorption est un champ complet. Le système de champs alternatifs s'avère utile spécialement quand l'un des champs est échoué, on peut le réparer pendant que l'autre fonctionne. L'écoulement de l'effluent est passé d'un champ d'absorption à l'autre par une boîte de commande d'écoulement ou une valve de déviation. On peut aussi utiliser un système de 2 valves, une valve pour chaque champs.

Figure 5.12 Deux champs alternés à lignes d'infiltration

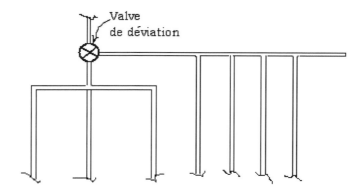

Les champs alternés sont plus utiles là où le sol prend beaucoup de temps pour filtrer l'eau. Pendant que l'eau usagée commence à s'accumuler dans un champ, l'autre est mis en opération pour donner du temps pour l'infiltration dans le premier champ et de lui permettre de se sécher. On peut alterner n'importe quel type de champs d'absorption: lignes d'infiltration, puits d'infiltration, tranchée profonde, lit d'infiltration. Cela devrait prolonger la vie du système.

Figure 5.13 Combinaison de lignes d'infiltration et puits d'infiltration

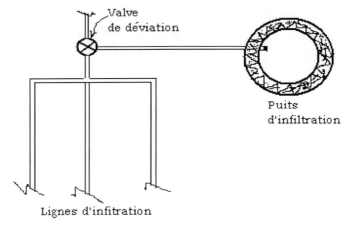

E-

Tranchée profonde

Le système de tranchée profonde est identique à la ligne d'infiltration. La seule différence, c'est que les tranchées sont plus profondes. Les tranchées profondes économisent de l'espace en remplaçant la surface du fond par la surface latérale d'absorption. L'idée est d'accomplir la même quantité d'absorption avec des tranchées plus courtes. Les tranchées pro-

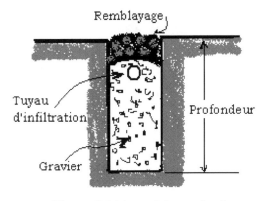

Figure 5.14 tranchée profonde

fondes délivrent l'effluent d'eaux usées à une plus grande profondeur dans le sol que les lignes d'infiltration ordinaires, de sorte que dans les terrains en pente on n'a pas besoin de parcourir une longue distance. Si une couche de roches, d'argile ou tout autre sol imperméable ou sol lentement perméable existe au-dessous de la surface, une tranchée profonde peut être utilisée pour traverser la couche difficile jusqu'à une couche plus perméable.

Pour dimensionner une tranchée profonde, vous pouvez adopter les mêmes méthodes que celles des lignes d'infiltration. Dans ce cas vous déterminez d'abord la profondeur de la tranchée. Si la tranchée passe par de divers types de sol, on doit tenir compte du taux d'infiltration de chaque couche parce que l'infiltration par les surfaces latérales sera la manière principale d'infiltration.

Exemple

Considérons une maison située dans les banlieues de Port-au-Prince. Une famille modeste de six personnes habite dans la maison. Le taux d'infiltration du sol est 20 minutes/pouce. L'emplacement n'est pas assez grand pour des tranchées normales. Nous considérons dans ce cas des tranchées profondes de 6 pieds de fond.

Volume total d'eaux usées:

S'il n'y a pas un système séparé pour les eaux grises, on assume que toutes les eaux résiduaires iront dans le réservoir septique et par suite dans le champ d'absorption. Nous avons 6 personnes à raison de 55 gallons d'eau usée par personne par jour (tableau 5.5), alors :

$$\text{Volume total d'eaux usées} = 55 \times 6 = 330 \text{ gallons/jour}$$

Taux de chargement:
A partir du tableau 5.4 pour un taux d'infiltration de 20, le taux de chargement est 0.72 gallon/pied carré/jour

Surface latérale requise

Surface latérale requise =

$$\frac{\text{Totale d'eau usée}}{\text{taux de chargement}} = \frac{330}{0.72} = 458.33 \text{ pieds carrés}$$

La profondeur efficace
La profondeur de la tranchée étant de 6 pieds et on va placer le tuyau à un pied au-dessous du sol, alors la profondeur efficace est 5 pieds.

Longueur de tranchée nécessaire

$$\text{Longueur de tranchée nécessaire} = \frac{\text{Surface latérale totale requise}}{2 \text{ (profondeur efficace)}}$$

$$\text{Longueur de tranchée nécessaire} = \frac{458.33}{2 \times 5} = 45.83 \text{ pieds}$$

Dans ces conditions une seule ligne serait de 45.83 pieds de long mais il n'y a pas assez d'espace, on considère plutôt trois branches en parallèle. Chaque branche aura une longueur de :

$$\text{Longueur des branches} = \frac{45.83}{3} = 15.27 \text{ pieds}$$

5.2 Puits d'infiltration

Les puits d'infiltration servent les mêmes fonctions que les tranchées profondes. Ils peuvent être installés dans de petits espaces. Cependant, parce qu'ils sont généralement plus profonds que les tranchées profondes, une profondeur considérable de sol est nécessaire pour les installer.

Le puits d'infiltration est un trou vertical dans la terre, en général il est environ de 4 à 6 pieds de diamètre et de 10 à 40 pieds de profondeur. Les coupes dans les schémas 5.15 et 5.16

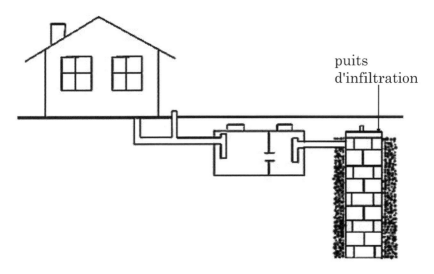

montrent un cylindre de support intérieur fait de blocs, avec une couche de gravier entre les blocs et le sol, pour tenir le sol en place. La première rangée de bloc est couchée en longueur pour former le cercle (Fig. 5.16b) et toutes les autres rangées de blocs sont placées en largeur (fig. 5.16c). Les blocs sont placés les uns sur les autres, mais chaque bloc est arrangé de telle sorte qu'il protège un joint de la rangée inférieure (voir fig. 5.16a). L'eau écoulera à travers les trous des blocs. Un autre arrangement avec des blocs et du ciment est montré dans la figure 5.17.

Le puits d'infiltration fonctionne comme une ligne d'infiltration verticale. La natte d'obstruction se meut vers le haut le long des côtés. Avec les années qui passent la surface du fond et la partie inférieure de la surface latérale deviennent bouchées, les eaux usées montent à un niveau de plus en plus élevé dans le trou. Ces eaux sont alors infiltrées par les parties supérieures de la surface latérale qui ne sont pas encore obstruées, mais plus la hauteur de l'eau est élevée dans le trou plus la force hydrostatique exercée sur les parois bouchées du fond et latérale en bas est élevée. Dans un puits, le niveau du liquide fluctue plus que dans les lignes d'infiltration. Cette capacité de fluctuation permet aux surfaces mouillées du sol d'être aérées et demeurent plus aérobies et perméables. Ces deux facteurs, pression hydrostatique et aération, peuvent expliquer pourquoi, si les

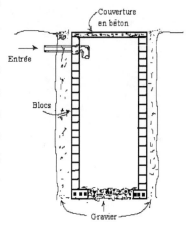

Figure 5.15 Puits d'infiltration

Figure 5.16 (a) Construction du calage du puits d'infiltration

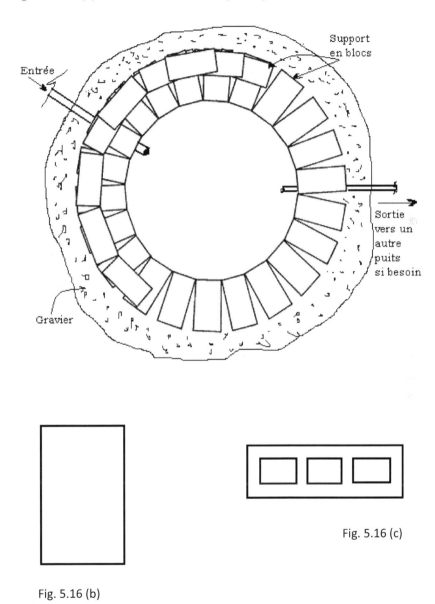

Fig. 5.16 (c)

Fig. 5.16 (b)

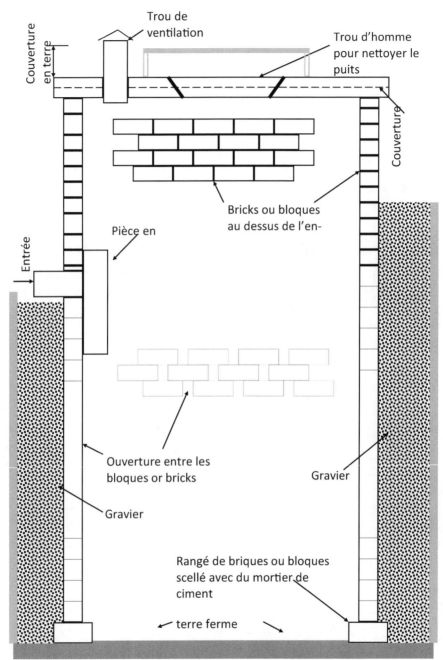

Figure 5.17 Puits d'infiltration

champs d'épuration sont égaux et tous autres paramètres sont identiques, un puits d'infiltration durera plus longtemps qu'une ligne d'infiltration.

Dimension de puits d'infiltration

L'approche de Ryon est encore la méthode préférée pour déterminer les dimensions d'un puits d'infiltration. Puisque les puits sont généralement entre 10 à 40 pieds il est difficile de conduire des tests d'infiltration des différentes couches, mais le terrain est constitué de plusieurs couches et que vous devez les identifier. Le taux d'infiltration sera la somme des produits de chaque taux d'infiltration par l'épaisseur de la couche divisée par la profondeur. Par exemple, si vous avez un puits de 20 pieds, dans les premiers 10 pieds le taux d'infiltration est 10min/pouce, dans les 4 pieds après le taux est 20 min/pouce et dans les derniers 6 pieds le taux est 30 min/pouce, alors le taux de sera :

$$\frac{10 \times 10 + 20 \times 4 + 30 \times 6}{10 + 4 + 6} = \frac{100 + 80 + 180}{20} = \frac{360}{20} = 18$$

La profondeur efficace d'un puits d'infiltration commence également à partir du tuyau de décharge au fond du puits. Si vous fixez le diamètre du puits qui est ordinairement entre 4 à 6 pieds et si les exigences du terrain limitent la profondeur, alors vous pourrez utiliser le tableau 5.4 pour trouver le nombre de puits dont vous aurez besoin pour le système. Egalement, s'il n'y a aucune contrainte de terrain pour la profondeur, en fixant le diamètre du puits et le nombre de puits on peut trouver la profondeur. De même si vous savez le nombre de puits que vous pouvez avoir et la profondeur vous pourrez donc déterminer le diamètre du puits.

Exemple

Supposons une maison à Cabaret où vivent 7 personnes, le terrain n'est pas grand et on ne peut construire que de puits d'infiltrations. Supposons que le terrain est identique au moins jusqu'à 50 pieds de profondeur, le taux d'infiltration peut être trouvé de la même façon que les tranchées normales. Supposons que le taux d'infiltration soit 20 minutes/pouce. Supposons que le puits est de 5 pieds de diamètre.

Total usage d'eau:

On assume que toutes les eaux usées produites dans la maison iront dans le réservoir septique et par la suite dans le champ d'absorption. Nous avons 7 personnes à raison de 55 gallons d'eaux usées par personne et par jour, alors :

Total usage d'eau est : 55 x 7 = 385 gallons/jour

Taux de chargement

A partir du tableau 5.4 pour un taux d'infiltration de 20 minutes/pouce, le taux de chargement est 0.72 gallon/pied carré/jour

Surface latérale requise

$$\text{Surface latérale requise} = \frac{\text{Totale d'eau usée}}{\text{taux de chargement}} = \frac{385}{0.72} = 534.72 \text{ pieds carrés}$$

Système septique - Guide pratique à l'assainissement autonome

Profondeur du puits

$$\text{Profondeur efficace du puits} = \frac{\text{Surface latérale}}{\pi \times \text{diamètre}} = \frac{534.72}{3.14 \times 5} = 34.85 \text{ pieds}$$

Si le tuyau d'entrée est à environ 1.5 pied au-dessous de la surface du sol, alors le puits doit avoir une profondeur d'environ :

Profondeur du puits : 34.85 + 1.5 = 36.35 pieds

On peut alors construire un puits de 5 pieds de diamètre et de 36.35 pieds de profondeur ou deux puits de 18.17 pieds de profondeur chacun.

5.3 Lit d'infiltration

Le lit d'infiltration est un autre type de système d'épuration de sol. C'est simplement une large ligne d'infiltration, en général <u>plus</u> de 3 pieds de largeur, avec un ou plusieurs tuyaux perforés. Le lit est une large tranchée, c'est comme plusieurs tranchées conventionnelles reliées l'une à coté de l'autre. Bien que les lits économisent de l'espace mais ils ont l'inconvénient

Figure 5.18 Lit d'infiltration

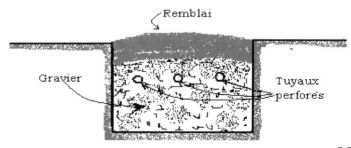

d'avoir très peu de surface latérale disponible pour l'absorption par rapport aux tranchées normales qui ont deux murs latéraux pour chaque tuyau. Le code uniforme américain de plomberie exige que les surfaces inférieures du lit soient 150% du secteur exigé pour les tranchées.

Exemple
 Prenons une maison de 3 chambres à coucher où habite une famille de 6 personnes située dans un terrain où le taux d'infiltration est 20 minutes par pouce.
 On estime déjà que la profondeur sera de 3 pieds et la largeur de 9 pieds avec 3 tuyaux. On peut déterminer la longueur du lit en utilisant l'une des méthodes donnant la surface du fond.
 Par exemple, la table 5.3 (le Code Uniforme de plomberie) pour 3 chambres à coucher et un taux d'infiltration de 20 minute/pouce nous donne la surface de la base de 400 pieds carrés.

$$\text{La longueur du lit est donc} : \frac{400}{9} = 44.5 \text{ pieds}$$

Ils ont recommandé dans le cas du lit d'infiltration d'utiliser un facteur de correction de 1.5, alors la longueur est :

$$44.5 \times 1.5 = 66.75 \text{ pieds}$$

5.4 Autres Systèmes
5.4.1 Monticules
Les monticules sont utilisés, quand, pour un problème ou un autre, le terrain n'offre pas assez de profondeur pour filtrer

l'effluent. Le monticule est une couche additionnelle de sol. Il sert à élever les tranchées normales d'absorption (ou les lits) au-dessus de la surface de sol, afin de fournir suffisamment de sol en profondeur pour assainir l'effluent d'eaux usées avant qu'il atteigne la zone problématique, telle que le niveau piézométrique, la roche-mère ou le sable ou le gravier brut. Là où il y a une couche peu profonde de sol relativement perméable au-dessus d'une couche relativement imperméable, la monticule peut délivrer un effluent raisonnablement propre à la petite couche perméable du sol au-dessus de la couche préoccupante. C'est une solution pratique aux puits d'infiltration et aux tranchées profondes là où il y a une couche imperméable épaisse.

Figure 5.19 Monticule

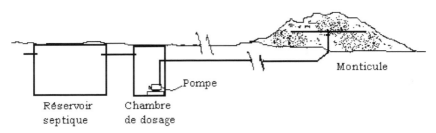

5.4.2 Réservoir scellé ou réservoir de rétention

Les réservoirs scellés ou réservoirs de rétention peuvent surmonter presque n'importe quelle limitation d'un terrain. Le réservoir scellé ou réservoir de rétention est un bassin sous-terrain fermé où toutes les décharges de la maison sont retenues. C'est pratiquement une fosse de curage mentionnée dans la section 1.3.2. C'est surtout ce type de réservoir que j'ai vu en Haïti. Puisque l'effluent ne laisse pas le réservoir, il est rempli assez rapidement. Quand il est rempli, vous devez embaucher un vidangeur pour aspirer le contenu et le transporter ailleurs. Les frais de pompage et de transport peuvent être exorbitants. Ce n'est même pas sûr si ce service existe en Haïti. En pratique les réservoirs scellés ou réservoirs de rétention sont utilisés pour servir des maisons qui sont rarement habitées ou qui sont construites dans des secteurs peu convenables pour l'installation des champs d'absorption.

5.4.3 Système de disposition d'eaux grises

Un système séparé pour l'évacuation de l'eau grise peut, d'une manière significative, réduire le volume de décharge dans un champ d'absorption. L'eau grise est toute eau venant de la maison, à l'exception de celle venant de la toilette qui porte les matières fécales (eaux noires). Cela peut grandement améliorer la performance d'un réservoir scellé ou réservoir de rétention, et par conséquent réduire de manière considérable la quantité de polluants émis dans l'environnement. Un réservoir de rétention ou réservoir scellé bien conçu et construit en parallèle avec un puits d'infiltration pour traiter les eaux grises peut être suffisant pour l'utilisation moyenne.

On peut dire que la conservation de l'eau est une bonne pratique. Tant que moins d'eau entre dans un système de traitement, plus la durée du système sera prolongée. La quantité réduite de l'eau peut aussi réduire les dimensions du système et, en conséquence, réduire le coût du système.

CHAPITRE **6**

OPÉRATION ET ENTRETIEN

Comme nous l'avons déjà mentionné, les familles qui ne sont pas servies par les égouts publics dépendent généralement d'un système privé pour se débarrasser de leur eau usagée. En Haïti, malheureusement, très peu de gens ont accès aux égouts publics, alors la majorité de la population utilise les latrines et les eaux de bains et de cuisine sont jetées dans la cour ou dans la rue. Nous avons déjà dit que la meilleure alternative aux égouts est le système septique. Jusqu'ici nous avions couvert la conception et l'installation des systèmes septiques, mais le bon entretien d'un système est aussi important que sa bonne conception et installation.

L'opération efficace de n'importe quel réservoir septique dépend de la nature et de la quantité des eaux usées produites dans une maison particulière. L'utilisation des désinfectants, des asepsies et des décapants de ménage dans la cuisine et la toilette, peut compromettre l'action bactérienne dans le réservoir septique, et en conséquence, le taux d'accumulation de la couche de boue et d'écume variera selon les différentes utilisations et conditions dans la maison.

Une fois correctement conçu et maintenu, le réservoir septique fournit une capacité proportionnée pour la rétention de la boue et de l'écume pour plus de traitement primaire, et assure

24 heures de rétention de la charge hydraulique pour permettre aux solides assez de temps pour se déposer au fond. Là où la période de rétention dure moins de 24 heures, la quantité de solides en suspension augmente et par conséquent, résulte en des quantités excessives de solides qui se dégagent dans le champ d'épuration. Cette charge organique additionnelle peut contribuer à l'échec du système.

Les dimensions des réservoirs septiques pour les logements résidentiels ont été prévues de telle sorte que le nettoyage soit nécessaire environ tous les quatre ans.

Des réservoirs septiques pour les lieux non résidentiels peuvent être conçus pour accorder une période de un à cinq ans avant le nettoyage.

Un programme d'entretien efficace devrait inclure l'inspection annuelle du niveau des matières dans un réservoir septique, la réparation des problèmes du système septique et du pompage ou nettoyage des réservoirs septiques.

6.1 Inspection

Comme nous le savons, dans un réservoir septique, la boue ou les solides lourds, granulats et sable s'accumulent au fond du réservoir. L'écume ou les graisses, les matières grasses et flottables, s'accumulent à la surface, formant une couverture, l'écume. Entre ces deux zones de la boue et de l'écume se trouve un liquide relativement clair, appelé effluent qui est déchargé dans le système de sol d'absorption chaque fois que l'eau usée est produite dans la maison.

Le taux d'accumulation des boues et d'écume dans un réservoir septique est variable; il dépend de beaucoup de fac-

Figure 6.1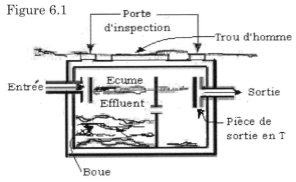

teurs, comme la dimension du réservoir, les types d'appareils utilisés dans la maison, le nombre de personnes de la famille, de leur hygiène personnelle, leur alimentation et même le climat peut y jouer un rôle. Dans certains cas, la digestion naturelle des matières organiques ralentit d'une manière significative le taux d'accumulation des boues, et ceci aide à réduire la fréquence de pompage. La raison la plus courante pour l'échec prématuré d'un système septique est le mauvais entretien par le propriétaire de la maison. Quand un système est mal entretenu, les matières solides s'accumulent rapidement à l'intérieur du réservoir septique. Quand l'accumulation de la boue et de l'écume est excessive, des matières solides peuvent être transportées avec l'effluent dans le champ d'absorption, où ils accélèrent l'obstruction du sol. Une fois que le sol serait obstrué, un nouveau champ d'absorption peut être nécessaire. La construction d'un champ d'absorption est tout à fait coûteuse. Il est donc moins cher d'inspecter et de pomper le réservoir d'une façon régulière.

L'inspection du réservoir septique est un processus simple mais c'est une tâche assez déplaisante qui peut offenser beaucoup de propriétaires de maison, il serait préférable de laisser cette tâche aux soins des professionnels. Bien qu'un réservoir septique peut être inspecté pour déterminer si le pompage est nécessaire, assez souvent les inspections sont effectuées pendant le pompage pour déterminer si les cloisons sont endommagées et les tuyaux fissurés. Je ne sais pas si un tel service existe en Haïti. Selon l'usage, un réservoir septique moderne peut aller plusieurs années sans pompage; des études ont prouvé qu' un pompage à fréquence de 7 à 10 ans est satisfaisant. Cependant, des inspections plus fréquentes sont prudentes pour identifier des problèmes tels que les joints de tuyaux détériorés ou obstrués et les cloisons endommagées.

Une inspection relativement simple du réservoir septique peut déterminer s'il a besoin de pompage. L'inspection comprend la mesure de la profondeur des couches d'écume et de boue, et l'évaluation de l'état physique du réservoir et ses composants.

Mesure de la profondeur de l'écume

1- Attachez un panneau de 6 ou 8 pouces au fond d'un bâton environ 6 à 8 pieds de long. Ou bien on peut utiliser un bâton avec un aileron à une extrémité.

2- A l'extrémité de sortie du réservoir, plongez le bâton par la couche d'écume pour trouver le fond du tuyau de sortie en forme de T. Si un bâton avec un aileron est utilisé, poussez le bâton par la couche d'écume jusqu'à ce que l'aileron soit ouvert en position horizontale, puis soulevez le bâton vers le haut jusqu'à ce qu'il touche le bas du tuyau de sortie en forme de T. (Voir Figure 6.2)

3- Marquez votre bâton pour indiquer ce point selon un point de référence fixé.

4- Soulevez le bâton jusqu'à ce que vous sentiez de la résistance ou, que vous voyez le fond de la couche d'écume.

5- Marquez votre bâton encore pour indiquer ce point selon le même point de référence.

6- Si les deux marques de crayon sont de 3 pouces ou de 8 centimètres de distance ou moins; ou, si la surface inférieure de l'écume est à moins de 1 pouce du bas du tuyau de sortie en forme de T, le réservoir a besoin de nettoyage.

<u>Mesure de la profondeur de la couche de boue</u>
1- Enveloppez 3 pieds ou 1 mètre de torchon blanc ou de serviette autour d'un long bâton.

2- Placez le bâton dans la boue, si possible derrière le tuyau de sortie en T.

3- Tenez le bâton dans la boue pendant plusieurs minutes.

4- Enlevez le bâton et notez la ligne de boue. La profondeur de la boue peut être estimée par la longueur du tissu contenant les particules noires de boue.

5- Si la ligne de boue est à moins de 12 pouces de l'ajustage de sortie en T, le réservoir a besoin de nettoyage.

Un autre type de dispositif pour mesurer la profondeur du précipité consiste en un tube creux, avec un objectif de verre au fond. Une petite source lumineuse, imperméable à l'eau est

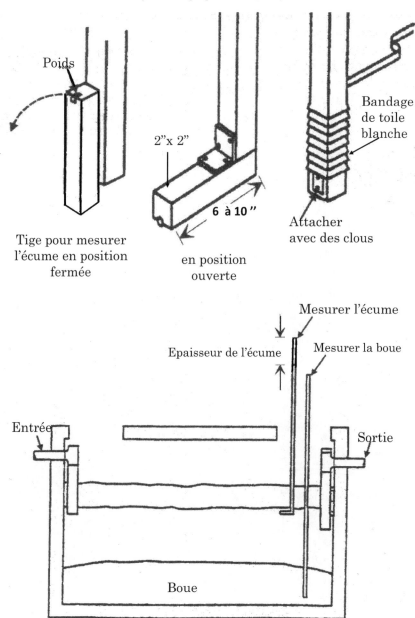

Figure 6.2. Mesurer l'accumulation des solides et l'écume dans le réservoir septique

placée à une distance donnée de l'objectif de verre, l'objectif reflète la lumière à l'intérieur du tube. Quand on ne peut plus voir la lumière à travers le tube, cela signifie qu'on a atteint la couche de boue. Si le dessus de la couche de boue est à 12 pouces ou moins du bas de la pièce de sortie en T ou, encore plus important, si le fond de la couche d'écume est à environ 3 pouces du fond de la pièce de sortie en T, le réservoir devrait être pompé.

La plupart des dispositifs commerciaux disponibles pour mesurer la profondeur de la couche de boue sont conçus pour usage dans les grandes installations de traitement d'eaux d'égout, ils peuvent ne pas être précis pour mesurer la profondeur de la boue dans un réservoir septique. Ils peuvent cependant être très pratiques pour usage privé, alors Il faut d'abord se renseigner de la capacité de tels dispositifs avant de les acheter. La plupart de ces instruments utilisent une source lumineuse avec un tube de vue; un autre dispositif utilise une tige verticale qui flotte au dessus de la couche de boue et sort à la surface par un petit trou dans la couverture du réservoir septique. Quand la tige se lève à un niveau prédéterminé, c'est donc le signal pour appeler un vidangeur.

Les réservoirs septiques devraient être inspectés au moins une fois tous les 2 ans. Une inspection adéquate du réservoir septique inclut l'examen des conditions des pièces en T ou déflecteurs d'entrée et de sortie ; si les pièces en T ou déflecteurs sont cassés ou endommagés elles devraient être remplacées. L'inspection comprend également l'observation des tuyaux d'entrée et de sortie ; ils devraient être bien scellés aux murs du réservoir. Les taux d'accumulation de la boue et de l'écume peuvent être estimés en considérant le temps qui s'est écoulé depuis le dernier nettoyage ou mieux encore en mesurant le niveau des différentes couches. Le niveau de l'eau devrait également être comparé au bas des pièces en T ou déflecteurs d'entrée et de sortie.

L'inspection des systèmes septiques n'est pas généralement limitée au réservoir septique. S'il y a des boîtes de distribution elles doivent être également inspectées pour déterminer si elles sont au niveau et structurellement stable et si des matières solides se sont accumulées à l'intérieur. L'accumulation de boue dans la boîte de distribution indique que des matières solides sont déjà déchargées dans le champ d'épuration, et on devrait déterminer la cause et prendre les mesures nécessaires pour corriger le problème, vous savez que le déchargement de solides dans le champ d'absorption encrassera le sol et le rendra imperméable. On devrait également observer le niveau d'eau dans les boîtes. Le champ d'épuration doit être également inspecté pour voir si l'effluent du réservoir septique ne sort pas à la surface du sol, comme par exemple l'accumulation de liquide, des odeurs répréhensibles, d'herbes mortes, présence de solides septiques gris ou noirs, et de l'érosion du sol due à l'écoulement de liquide accumulé. Ces conditions pourraient indiquer que le système a besoin de rénovation.

6.2 Détection et réparation des problèmes

Nous pouvons faire seulement que des suggestions pour détecter et réparer les problèmes les plus communs du système septique quand ils surgissent. Il est toujours prudent d'avoir un plan de votre système, montrant la localisation du champ d'absorption, les trous d'homme du réservoir, etc. Ceci peut simplifier la réparation et prévenir le bouleversement inutile du gazon. Les deux problèmes les plus fréquents des systèmes septiques sont que des eaux d'égout retournent dans la maison et l'accumulation de liquide, aux alentours du champ d'épuration.

6.2.1– Refoulement des eaux d'égout dans la maison
Des eaux d'égout retournent dans la maison indiquent que les drains ne fonctionnent pas. On doit tout d'abord localiser le problème. On mesure le niveau du liquide dans le réservoir septique. S'il est normal, c'est à dire à au moins, un pied, au-dessous du plafond du réservoir, il est plus probablement un blocage entre la maison et le réservoir septique; mais un blocage du tuyau d'aération du système de drainage peut aussi causer le refoulement de l'effluent. Si la ligne entre la maison et le réservoir est libre et le tuyau d'aération est normal, l'obstruction peut être entre le réservoir et le champ d'absorption.

Obstruction entre la maison et le réservoir septique.
Le blocage peut être dans le drain de la maison ou la couche d'écume pourrait boucher le tuyau d'entrée à l'intérieur du réservoir. Si l'écume est la cause du problème, le contenu du réservoir devrait être pompé. Il fallait à ce moment inspecter le déflecteur d'entrée. S'il fonctionne correctement, il devrait garder l'écume loin du tuyau d'entrée du réservoir.

Un blocage du drain de la maison peut être résolu avec un outil de nettoyage d'égout en utilisant le bouchon de nettoyage de la ligne. Le nettoyage d'égout est généralement exécuté par un professionnel. Si la pénétration de racines d'arbre est la raison du blocage, les professionnels peuvent aisément couper les racines avec leur instrument. Les joints des tuyaux de-

Table 6.1. Fréquences estimées de pompage des eaux d'un réservoir septique (en années)

Grandeur Du réservoir* (Gals)	Nombre de personnes dans la maison					
	1	2	3	4		
500	6	3	2	1		
750	9	4	3	2	1	
900	11	5	3	2	2	1
1000	12	6	4	3	2	1
1250	16	8	5	3	3	2
1500	19	9	6	4	3	3
1750	22	11	7	5	4	3
2000	25	12	8	6	5	4
2250	29	14	9	7	5	4
2500	32	16	10	8	6	5

*Comme vous pouvez voir: plus le réservoir est grand, plus l'intervalle de nettoyage est grand. En outre, ceci est seulement une estimation, l'intervalle de nettoyage dépend principalement de l'usage de l'eau. Dans certains cas, la fréquence peut être de deux et même de trois fois plus longue que l'estimation, mais dans d'autres cas il peut être nécessaire de nettoyer à un intervalle plus fréquent.

vraient être recelés après le nettoyage pour prévenir l'écoulement de l'eau dans la ligne de drainage.

Si l'obstruction se produit dans un système neuf, le problème peut être la ligne de drainage qui n'a pas une pente adéquate et la seule solution pratique dans ce cas est de replacer la ligne en utilisant cette fois-ci l'obliquité correcte. Si le blocage paraît soudain, dans un système qui fonctionnait sans problème, la cause la plus probable est qu'une section du conduit d'égout est cassée, elle doit être localisée et remplacée.

Blocage du tuyau d'aération du système de drainage
Dans certains cas, un blocage du tuyau d'aération du système de drainage peut ralentir le taux auquel les eaux d'égout s'écoulent, au point que les solides se précipitent. Un tuyau d'aération du système de drainage obstrué ou mal installé, cause parfois qu'une odeur de gaz d'égout se dégage autour des drains de la maison; mais d'une façon plus caractéristique, il causera un bruit de glouglou comme de l'air qui est tiré dans la pièce en U (trappe) d'une maison quand on utilise les drains. La cheminée devrait être de 4 pouces de diamètre là où elle traverse le toit et devrait prolonger de 6 pouces au-dessus du toit.

Blocage entre le réservoir septique et le champ d'absorption
Si le niveau du liquide dans le réservoir septique est au-dessus du niveau normal, il peut arriver que c'est la sortie du réservoir qui est bouchée ou bien, la ligne menant le liquide au champ d'épuration est bouchée ou encore le champ d'épuration lui-même est obstrué. Si le champ d'absorption est obstrué, il y aura probablement évidence d'infiltration ou d'humidité.

Sortie du réservoir bouchée
Quand les réservoirs septiques sont en usage depuis plusieurs années, parfois la cloison de sortie se désagrège et s'effondre. Ceci permet à des solides, d'écume et de boue de se déborder

du réservoir et de boucher la sortie du réservoir ou la ligne qui joint le réservoir au champ d'absorption. La solution serait de pomper le contenu du réservoir, le mettre temporairement hors d'usage et de remplacer la cloison défectueuse.

Obstruction de la ligne du réservoir au champ d'épuration
Les raisons qui peuvent causer l'obstruction de la ligne qui joint le réservoir au champ d'absorption sont : des solides débordant du réservoir, des racines d'arbres entrant dans des joints des tuyaux et effondrement d'une section de drain. Encore, la solution immédiate est de pomper les matières du réservoir, désengorger la ligne, et réparer le joint affecté ou de la section cassée. Le tuyau peut se casser s'il n'est pas uniformément soutenu par une surface solide ou du gravier ferme. Si le tuyau n'est pas installé à une profondeur normale il peut être endommagé par les véhicules qui passeront dessus.

6.2.2. Accumulation de liquide autour du champ d'épuration.

Si on observe de l'infiltration ou, des endroits humides autour du champ d'épuration, il se peut que le champ d'absorption soit trop petit ou le sol dans le champ d'épuration soit obstrué. Une hausse du niveau d'eau souterraine peut également causer ce problème. Examinons un peu les causes les plus communes :

Champ d'absorption trop petit
Le système septique peut être insuffisant pour traiter les grandes quantités d'eau utilisées dans la vie moderne, particulièrement dans les cas où une maison a été modernisée ou

agrandie sans tenir compte de la capacité du système septique. Le champ d'absorption pouvait être aussi mal conçu. S'il est sérieusement trop petit, il devrait être agrandi ou encore mieux, on devrait construire un autre champ d'épuration. En fait, la meilleure décision serait de construire un nouveau système complètement, puisque probablement le réservoir septique est également trop petit. Souvent l'ancien champ peut être réutilisé comme un champ d'absorption alternatif après un repos d'une ou de deux années. Si la capacité est légèrement insatisfaisante, la solution serait d'utiliser des dispositifs de conservation de l'eau dans la maison pour réduire la consommation d'eau. Les robinets et les têtes de douche à débit réduit, les aérateurs de robinet et d'autres dispositifs et aussi un petit changement du style de vie (par exemple le nombre de bains pris par jour ou la durée des bains) peuvent réduire l'utilisation de l'eau de manière signifiante.

Champ d'épuration obstrué.
Le sol du champ d'épuration s'obstrue naturellement avec le temps, puisque l'effluent du réservoir septique contient des matériaux suspendus. Avec le temps il se développe "une natte obtuse" qui cause la perméabilité du sol au point où l'effluent ne peut pas être absorbé au taux qu'il est produit. La meilleure solution à ce problème de sol-obstruant est de reposer le champ d'absorption. Ceci permettra à la matière organique de se décomposer, de ce fait, reconstituerait la perméabilité du sol autour des fossés et remettrait le champ presque à son état normal. Le repos du champ, cependant, exige qu'un deuxième dispositif de traitement soit disponible pour accepter l'effluent pendant ce temps. C'est l'avantage des systèmes

à champs alternatifs ; on peut commuter d'un champ d'épuration à l'autre chaque année pour réduire le problème d'obstruction du sol et par conséquent prolonger de manière significative la vie du système. Le changement de champs devrait être effectué durant l'été où la température du sol est élevée pour obtenir le meilleur traitement de sol des eaux usées. Alterner les champs est particulièrement efficace dans les sols à faible perméabilité par exemple en terre argileuse.

Hausse du niveau d'eau au printemps.
En certains endroits, il peut être difficile d'utiliser le système septique, le champ peut devenir lent et même échouer au printemps, parce qu'une hausse saisonnière du niveau d'eau peut saturer le sol autour des fossés. Les habitations plates avec une faible pente d'irrigation sont particulièrement susceptibles à ce problème. Dans ce cas vous pouvez utiliser des méthodes de drainage pour abaisser le niveau d'eau. Le drainage doit être déchargé dans un fossé extérieur ou une plus grande canalisation.

Transfert de solides.
L'excès de solides d'un réservoir septique, qui est rempli de boue, peut sérieusement affecter l'effectivité du champ d'épuration. Le traitement, naturellement, est de nettoyer le réservoir septique périodiquement. Réparer les robinets défectueux de cuisine et de toilettes. La charge accrue des robinets de cuisine et des toilettes peut également affecter le service du champ d'absorption. Le traitement est de maintenir les robinets et la tuyauterie en bon état. Et il est aussi possible que le réservoir ait besoin de nettoyage.

6.3. Pompage des matières du réservoir septique

6.3.1 Équipement

Les camions de vidange sont de diverses capacités, en général de 1000 à 4000 gallons (3800 à 15000 litres). Les camions de multiaxe peuvent avoir des capacités de plus de 6000 gallons (23000 l). Les camions doivent être aussi équipés de lignes de tuyaux, ainsi que d'outils appropriés pour casser la couche d'écume etc...

Généralement, on utilise les pompes à vacuum ou centrifuges. Le plus souvent les vidangeurs utilisent les pompes à vacuum parce qu'ils ont certains avantages. Dans les pompes à vacuum par exemple, le liquide ne coule pas par la pompe, ce qui réduit l'usure; et les contenus de réservoir peuvent être déchargés sous pression. Les pompes à vacuum sont équipées d'un siphon ou d'une trappe d'eau pour prévenir la dispersion d'aérosols. Par contre dans les pompes centrifuges les liquides passent par les pompes, ils s'obstrueront et s'useront plus facilement par de sable et des débris. Les pompes centrifuges sont généralement de type à « pousseur-ouvert » ou « pousseur-

Figure 6.2 Camion de vidange

encastré » pour manipuler les solides. Les deux types de pompes centrifuges ont une charge nette à l'aspiration d'environ 27ft (8 m). Il y a des camions -réservoirs qui sont équipés avec des commandes de fermetures automatiques sophistiquées pour prévenir le remplissage excessif. La capacité des pompes est d'une manière générale d'au moins 400 gal/minute (1,500 l/min).

Les conduites ou hoses sont en caoutchouc noir sous vacuum élevé ou en matériel synthétique, avec un diamètre minimum de 3 po. (8cm). Les conduites devraient être également équipées d'un bouchon pour réduire au minimum le débordement. Les camions transporteurs ont au moins 100 pieds (30 m) du tuyau. Les valves de décharge des camions transporteurs ne devraient avoir d'écoulement d'aucune sorte.

D'autres équipements incluent un dispositif pour casser la couche d'écume, une fourchette à longue manche par exemple, une pelle, une sonde de sol pour localiser le réservoir septique et d'autres instruments. La chaux doit également être disponible pour appliquer aux secteurs où on a renversé du septique.

6.3.2 Procédures

Après que le réservoir septique ait été localisé et les portes d'accès exposées, on examine les pièces d'admission, de sortie et les cloisons pour des problèmes tels que des dommages, des raccordements desserrés et bouchés, etc. Les tuyaux cassés ou les cloisons endommagées doivent être remplacées ou réparées. Si le niveau du liquide dans le réservoir est plus haut que le tuyau de sortie, ceci peut être un signe d'obstruction dans le tuyau de sortie ou dans le drain principal. La natte d'écume est manuellement cassée pour faciliter le pompage. Avant que ceci soit fait, le niveau du liquide dans le réservoir septique d'abord, doit être abaissé au-dessous de la pièce de sortie ce qui empêcherait la graisse et l'écume de s'échapper au champ d'épuration. Après que la natte d'écume soit cassée, le contenu du réservoir est enlevé. Normalement, le tuyau de vacuum ou succion aspire à un point où au moins 1 à 2 po. (2.5 à 5 centimètres) de boue reste au fond de réservoir ; cette partie de matériel reste dans le réservoir. Le lavage de l'intérieur du réservoir n'est pas nécessaire à moins qu'on ait soupçonné une fuite, alors l'intérieur doit être inspecté pour colmater les fissures. Si on doit conduire l'inspection à l'intérieur du réservoir, l'air frais devrait être injecté sans interruption dans le réservoir pendant au moins 10 minutes pour déplacer les gaz toxiques ou l'air à oxygène-déficient. L'intérieur peut alors être inspecté avec un projecteur.

On ne doit jamais entrer dans un réservoir septique sans d'abord examiner l'air pour déterminer ses propriétés en taux d'oxygène, sa limite explosive inférieure et son taux de sulfure d'hydrogène. On peut utiliser un détecteur électronique pouvant identifier trois gaz. Les réservoirs septiques sont considérés comme des espaces confinés et sont sujets à des conditions spéciales. N'importe qui entre dans un réservoir septique devrait porter un harnais de sûreté relié à un support à l'extérieur.

Deux ouvriers additionnels devraient être à l'extérieur pour aider la personne inspectant le réservoir au cas où elle confronterait des problèmes.

S'il y a un déversement, la matière septique doit être immédiatement nettoyée. La chaux hydratée doit être mise au-dessus pour la contrôler et aspirer sur le champ.

Il n'est pas conseillé d'utiliser des produits chimiques additionnels ou des agents biochimiques dans le réservoir septique, tel que des désinfectants, des micro-organismes et des enzymes. De telles formulations offrent peu ou aucun avantage et peuvent être plutôt nuisibles à l'opération du réservoir septique et du champ d'épuration. Par exemple, les agents qui émulsionnent la graisse peuvent décharger au système d'absorption du sol où l'émulsion peut affecter la surface absorptive du sol et causent l'augmentation du taux d'encrassement ou ils peuvent traverser le sol et atteindre directement les eaux souterraines. D'autres agents sont formés des composés alcalins très forts qui peuvent passer par le réservoir et détruire la structure de sol. Les composés les plus nuisibles contiennent les hydrocarbures de chlore, qui peuvent passer par le réservoir et le sol pour polluer les eaux souterraines.

Neutralisation de chaux

La possibilité, pour que le service de pompage des matières septiques, existe en Haïti est pratiquement négligeable; nous devons également considérer un service alternatif. Les mêmes principes que les « Bayacous » utilisaient pour nettoyer les latrines peuvent être aussi appliqués pour nettoyer les réservoirs septiques, excepté que les latrines ne contiennent pas la couche d'eau claire au dessus de la couche de boue. Les matières septiques peuvent être stabilisées ou neutralisées en ajoutant la chaux ou tout autre alcali pour élever le pH à 12. Un montant approximatif de 25 livres de chaux par 1000 gallons de septique devrait le neutraliser au cours d'une heure de temps à peu près. Après la stabilisation, la matière peut être pelée et transportée par camions pour être déversée en un endroit approprié. On recommande d'ajouter également de la chaux vive dans le camion.

Il faut souligner que les « Bayacous » ont eu leur nom du fait qu'ils fonctionnent seulement la nuit. En fait, c'est le moment idéal pour cette opération, considérant sa nature et l'odeur qui s'y émanera.

Après la neutralisation des matières septiques, le niveau d'organismes pathogènes diminuent considérablement, ce qui réduit également le potentiel pour la putréfaction ainsi que les odeurs. Le produit final devient comme un engrais, il peut donc être utilisé dans les jardins, les champs de reboisement, et les emplacements de récupération agricole. L'application agricole des matières septiques est une méthode économique et un moyen sauf de gérer les matières septiques. Un programme agricole bien contrôlé et habilement appliqué peut faciliter la réutilisation profitable de la matière septique sans compromettre la santé publique.

Il y aura toujours d'odeur à contrôler. Une manière pour contrôler l'odeur doit également faire partie du programme. Le contrôle d'odeur est nécessaire à la réussite de n'importe quelle opération de gestion de déchets, y compris les déchets solides. Là ou l'on neutralise le septique avec de la chaux l'odeur doit être maintenue à un niveau acceptable. Il y a cependant beaucoup de produits chimiques sur le marché pour contrôler l'odeur en eau usée. Ces produits chimiques qui sont appliqués directement à l'eau usée, sont souvent visés à contrôler le Sulfure d'hydrogène, l'un des composants principaux qui produisent l'odeur en eau septique. L'addition des produits chimiques ne garantira pas toujours une opération sans odeur parce que le septique contient des niveaux élevés de composés odoriférants tels que les mercaptans, qui ne sont pas facilement éliminés par l'addition d'un produit chimique.

CHAPITRE **7**

TECHNIQUE DE TRAITEMENT AÉROBIE

Il peut arriver que des emplacements ne soient pas convenables pour l'installation des systèmes septiques normaux. Souvent un empêchement ou un autre rend impraticable une installation habituelle. Certains terrains peuvent ne pas être assez spacieux ou ne possèdent pas les conditions adéquates de sol pour accommoder un champ d'épuration de dimensions fonctionnelles. Dans certaines communautés, la nappe d'eau sous-terraine est trop élevée pour permettre l'installation d'un champ d'épuration qui donnerait un traitement adéquat à

Figure 7.1 Système de traitement aérobie

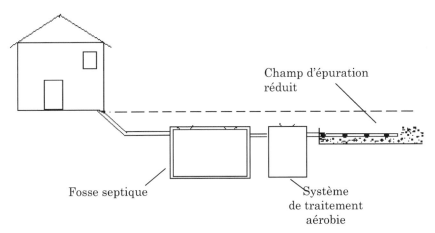

123

l'eau septique avant qu'elle soit retournée aux eaux souterraines.

Il y a d'autres inconvénients qui peuvent empêcher l'installation d'un système septique ordinaire, par exemple des maisons situées sur des terrains boisés ou près d'un corps d'eau de surface (lac, rivière ou autre). Il se peut que d'autres structures sur l'habitation ne laissent pas d'espace suffisant pour l'installation d'un réservoir septique et d'un champ d'épuration. L'eau usée traitée par un système septique n'est souvent pas assez de bonne qualité pour se décharger près d'une eau de surface. Dans ces cas, on a recours aux systèmes de traitement aérobie. Une des raisons habituelles pour choisir les unités de traitement aérobie est pour remplacer les systèmes septiques qui échouent et deviennent des sources importantes de pollution d'eaux souterraines. Si un système septique a échoué, il doit être remplacé ou si la position est inadéquate pour un système septique, le traitement aérobie des eaux usées peut être une option approuvable.

Les techniques de traitement **aérobie** ont généralement trois éléments : un bassin de décantation qui peut être plus petit qu'un réservoir septique normal, un dispositif de traitement aérobie, qui retire la majeure partie des matières organiques présentes dans les eaux usées, et un système de dispersion, qui est souvent un petit champ d'épuration (Fig. 7.1).

7-1 Avantages et inconvénients
A) avantages:
Le traitement aérobie
- ♦ Peut fournir un plus haut niveau du traitement qu'un système septique ordinaire,

- Aide à protéger les ressources d'eau là où les systèmes septiques échouent,
- Fournit une alternative pour des endroits non adaptés aux systèmes septiques,
- Peut prolonger la vie d'un champ d'épuration,
- Peut permettre la réduction de la dimension du champ d'épuration et
- Réduire le gaz ammoniac des eaux de décharge.

B) Inconvénients:
- Demande de l'électricité. La rareté d'électricité en Haïti peut le rendre impraticable
- Comprend des pièces mécaniques qui peuvent tomber en panne
- Exige un entretien plus fréquent qu'un réservoir septique
- Sujet aux dérangements sous les charges lourdes soudaines
- Plus cher à maintenir qu'un système septique

Puisque l'eau usée laisse l'unité aérobie comme un effluent à haute qualité, il est plus facile pour le champ d'épuration pour l'assainir. Le système aérobie devrait durer plus longtemps, parce qu'il produit un effluent plus propre. Il est avantageux dans les emplacements incommodes et dans des emplacements délicats au point de vue environnemental tels que près des lacs, des secteurs de recharge des systèmes aquifères et des puits

7-2 Fonctionnement des unités de traitement aérobie
Il y a plus de 20 modèles disponibles sur le marché américain,

mais l'efficacité varie considérablement d'une manufacture à l'autre. Un système qui fonctionne correctement devrait produire un effluent de haute qualité avec moins de 30 mg/l BOD (demande biochimique de l'oxygène, une mesure de la matière organique), moins de 25 mg/l Matières Solides en Suspension et moins de 10,000 cfu/ml de coliformes fécaux, un indicateur de microbes pathogènes et de virus.

Méthode d'aération

La méthode d'aération consiste à forcer mécaniquement des bulbes d'air à travers l'effluent dans un tank. Cette technique crée un environnement aérobie fortement oxygéné pour les bactéries, qui utilisent la matière organique comme source d'énergie. Dans une autre étape, les bactéries et les solides de l'eau usée se précipitent et l'effluent plus propre est distribué à un système de traitement de sol.

Les systèmes aérobies sont différents des réservoirs septiques. Dans un réservoir septique, les solides se séparent constamment du liquide. Pendant que les différentes cellules bactériennes se développent, elles se précipitent au fond du réservoir avec les solides moins décomposés, pour former une couche de boue. Les matériaux flottants, tels que les graisses et les papiers de toilette forment une couche d'écume au dessus du réservoir.

Dans un système aérobie, l'agitateur meut l'eau ainsi les solides ne peuvent pas se précipiter et les matériaux flottants restent mélangés dans le liquide. Un système aérobie bien conçu donnera l'espace et le temps nécessaire pour précipitation, tout en fournissant l'oxygène aux bactéries et mélangeant les bactéries et leur source de nourriture. Toutes les bactéries précipitées doivent être retournées au réservoir aérobie pour se mélanger davantage et par conséquent, elles produisent plus de traitement.

Les techniques de traitement aérobie misent sur tous les micro-organismes aérobies pour décomposer les matières organiques dans l'effluent. Il y a deux modèles de base d'opération de système aérobie : la biomasse en suspension et le milieu de croissance attaché. Ils ont tous deux habituellement, un réservoir septique en avant du tank aérobie. Le réservoir retient les gros solides et assure une certaine protection au système aérobie.

"La pierre précieuse ne peut pas être polie sans friction, ni l'homme perfectionné sans épreuves"
Proverbe chinois

CHAPITRE 8

LOIS ET REGULATIONS

8.1 Introduction

Les systèmes septiques sont utilisés quand les égouts ne sont pas accessibles ou n'existent pas. Ils préviennent la pollution de l'eau. Ils traitent et évacuent convenablement et d'une manière adéquate, les eaux usées produites dans la salle de bains, la cuisine et la lessive. Ces eaux usées peuvent contenir des germes causant de la maladie et des polluants qui doivent être traités pour protéger la santé humaine et l'environnement. Pour ces raisons, la conception, l'installation, la rénovation et l'entretien des systèmes septiques sont strictement réglés dans les pays où des structures sont en place pour protéger la santé publique et l'environnement. Il est donc normal que l'Etat régisse les systèmes individuels de traitement d'eaux usées pour protéger la santé publique dans un cadre légal, juridique et institutionnel pour prévenir contre la pollution potentielle des fèces humains ou n'importe quelle menace environnementale. A New York par exemple, les systèmes septiques sont légiférés au niveau local et régional.

Aux Etats-Unis les états développent des lois ou des règlements gérant les systèmes privés de traitement des eaux résiduaires. Quelques états exigent que les sols soient évalués par leur département de la santé ou par leur département de protection de l'environnement et qu'un permis doit être obtenu avant la construction du système septique. En outre, le système doit être approuvé par le département qui a juridiction sur les systèmes septiques avant qu'il soit mis en opération. Dans l'état de New York le département de la santé administre ce qui suit :

- inspections sur place;
- certification des designers, des installateurs et des constructeurs de systèmes septiques; et
- investigation des complaintes.

Dans ce chapitre nous voulons offrir quelques idées législatives sur le traitement à domicile d'eaux usées, un peu similaire à quelques pratiques acceptées dans l'état de Floride. Nous espérons qu'elles peuvent servir de directives ou d'inspirations à une civilisation trottinant à environ 700 milles au sud de Miami.

Nous ne suggérons pas qu'Haïti devrait adopter les mêmes standards que d'autres pays, car les contextes géologiques, socio- politiques et économiques diffèrent d'un pays à l'autre, mais il est toutefois important de noter l'approche d'autres sociétés à la gestion des systèmes individuels de traitement et d'évacuation des eaux usées. Haïti a beaucoup de problèmes à résoudre, je doute que les législateurs auront l'évacuation d'eaux usées sur leur liste de priorités. Il reste tout de même un point vital.

8.2 Intention législative

L'intention de la législature saurait de sauvegarder la santé publique et de protéger l'environnement. La législature devait d'abord assigner la responsabilité de gérer les systèmes septiques à un Ministère. Comme le département de la santé est responsable du système de la santé publique dans le pays, il paraît raisonnable que la responsabilité de gérer les systèmes septiques soit léguée à cette institution. Les législations doivent être conçues pour favoriser, protéger et améliorer la santé de tous les citoyens. La mission du système de la santé publique est d'encourager des conditions dans lesquelles le peuple évoluera en bonne santé. Ce devrait être l'intention du législateur, là où un système public d'eaux usées n'est pas disponible que le Ministère de la santé publique et de la population (MSPP) donne des permis pour la construction, l'installation, la modification, l'abandon des systèmes d'assainissement autonome. Ce devrait être également l'intention de la législature que l'installation et l'utilisation des systèmes privés d'eaux usées ne compromettent pas la santé publique ou dégradent de manière significative les ressources en eaux.

8.3 Conditions générales affectant la santé publique

8.3.1 Nuisances sanitaires

Une nuisance sanitaire est l'action de commettre un acte, par un individu, une municipalité, une organisation ou une compagnie qui, en conservant, maintenant ou permettant la propagation de quelque chose, peut menacer ou endommager la santé, la vie et le confort des individus ou peut causer, directement ou indirectement, de la maladie.

8.3.2 Devoir du département de la santé

Le département de la santé, sur demande des autorités compétentes ou toutes les fois qu'il le juge nécessaire, peut investiguer les conditions sanitaires d'une ville, d'un village ou d'un quartier; et si, sur l'examen, le département établit l'existence d'une nuisance comme ci-dessus définie, il donnera une notice à la partie ou les parties responsables pour éliminer ou abattre la nuisance ou, si nécessaire, il procédera à résoudre ou corriger ladite nuisance de la façon prévue par les règlements.

8.3.3 Notification d'abattre des nuisances
1) Le département de la santé, quand il détermine l'existence de n'importe quelle situation qui peut être définie comme une nuisance sanitaire par la loi, informera la personne ou les personnes, commentant, créant, ménageant ou maintenant la nuisance, à l'abattre dans un délai raisonnable déterminé par le département.

2) Si la nuisance sanitaire n'est pas résolue par la personne ou les personnes causant l'ennui dans le délai imposé dans la notification, le département, ses agents, ses délégués ou les autorités locales de santé, peuvent corriger l'ennui de la façon suivante:

(a) Entamer des procédures correctionnelles requises, y compris l'abattement des causes si nécessaires. Le coût ou les dépenses d'une telle opération ou des procédures correctionnelles seront payés par la personne ou les personnes commettant, créant, ménageant ou maintenant de telles nuisances; et si le coût et les dépenses ne sont pas payés dans une période de temps prévu par loi, la personne ou les personnes responsables de ces ennuis peuvent être appelées au tribunal pour répondre aux charges.

(b) Le département peut n'entreprendre aucune action correctionnelle. Il institue immédiatement des démarches criminelles au tribunal contre toutes personnes qui n'obéissent pas aux avis exigeant la correction des conditions de nuisances sanitaires de la manière prévue par la loi.

c) Le département peut simplement établir des procédés civils ou administratifs comme autorisés ou déterminés par les législations.

8.3.4 Conditions hasardeuses
1) les conditions suivantes quand, autorisées, maintenues, ménagées ou causées par un individu, une compagnie, une municipalité, une organisation gouvernementale ou privée, constitueront l'évidence d'une nuisance dangereuse à la santé :
a) Fèces humains non traités ou incorrectement traités, ordures, animaux morts et déchets hasardeux des processus industriels dangereux à la vie humaine ou animale, air polluant, gaz et odeurs répugnantes qui sont nocives à la vie humaine ou animale.
b) Réservoirs septiques, cabinets d'aisance ou latrines incorrectement construits ou maintenus.
c) Garder des animaux malades dangereux à la santé humaine.
d) Endroits malsains ou empestés où des animaux destinés à la consommation sont abattus.
e) Création ou maintien de n'importe condition, capable de produire et de multiplier des mouches, des moustiques ou d'autres insectes capables de communiquer des maladies directement ou indirectement aux humains.

f) N'importe quelle autre condition déterminée par le département comme une nuisance sanitaire ainsi définie dans les règlements.

(2) Le département de la santé, ses agents et délégués ou les services d'hygiène locaux sont autorisés à investiguer n'importe quelle condition ou nuisance alléguée dans n'importe quelle ville, village ou endroit dans sa juridiction, et si une telle condition est déterminée pour constituer une nuisance sanitaire, ils peuvent prendre des mesures pour éliminer la condition dangereuse en accordance avec les ordonnances.

8.4 Permis

8.4.1 Permis de construction

Aucune part d'un système septique ne sera installée, changée, modifiée, abandonnée ou remplacée avant qu'un «permis de construction» ne soit obtenu. Entretien ou remplacement des pièces comme les pièces mécaniques ou électriques d'un système privé de traitement et d'évacuation d'eaux usées, pompage du réservoir ou exécution des réparations structurales mineures du réservoir ou de la boîte de distribution, ne constituera pas une réparation qui nécessite un permis.

8.4.2 Inspection

Avant de remblayer un système septique, celui qui installe ou construit n'importe quelle part d'un système privé de traitement et d'évacuation d'eaux usées informera le département de la santé ou les autorités appropriées de l'achèvement des activités de construction et aura le système, inspecté par le département, pour assurer la conformité aux règlements, sauf pour les exemptions prévues dans les règlements pour les réparations.

a) Si la construction du système est approuvée par le département après une inspection, le département donnera un avis «d'approbation de construction» à l'installateur.

b) Si l'installation du système ne passe pas l'inspection de construction, l'installateur devra effectuer toutes les corrections requises et informera le département ou les autorités appropriées de l'accomplissement des travaux avant la réinspection du système. Des frais de réinspection peuvent être chargés à l'installateur pour chaque inspection additionnelle menant à l'approbation de la construction.

c) L'approbation finale d'une installation ne sera pas donnée avant que le département ait confirmé que tous les règlements sont respectés et que la construction et l'installation du système sont en conformité aux plans et aux caractéristiques soumis avec l'application de la demande de permis.

d) Une installation « approuvée » n'est pas une indication que le système accomplira sa fonction d'une manière satisfaisante pendant une durée de temps spécifique. Le département ne sera pas tenu responsable pour un système après inspection s'il ne fonctionne pas normalement. Cependant une installation approuvée signifie que les normes de construction ont été observées.

e) Systèmes qui sont ordonnés d'avoir un permis annuel d'opération seront inspectés par le département au moins une fois par an pendant le terme du permis pour déterminer la conformité aux demandes du permis d'opération.

8.4.3 Inspections après réparations

Un système septique doit être inspecté après une réparation majeure par le département ou par un maître-constructeur de systèmes septiques pour déterminer la conformité aux normes de construction avant de l'enterrer. Les inspections seront conformes aux règlements, un maître constructeur de systèmes septiques peut enterrer un système après réparation quand les conditions suivantes sont satisfaites:

1. Le maître-constructeur doit aviser le département par écrit, utilisant une forme approuvée par le département qu'une inspection va avoir lieu durant les heures normales de fonctionnement.

2. Il doit être physiquement présent pour conduire l'inspection. Il doit documenter l'inspection sur les formes appropriées. Le département doit recevoir les documentations le jour qui suit l'inspection. Le département donnera une approbation finale des réparations, basée sur les résultats de l'inspection du maître-constructeur. Cependant, rien ne peut empêcher le département de conduire sa propre inspection avant d'approuver les réparations. Aucune inspection n'est finale jusqu'à que le sceau d'approbation du département ne soit posé.

D'ailleurs le maître-constructeur ne devrait couvrir le réservoir avec de la terre quand le département a effectué une inspection et a informé le maître-constructeur de l'existence de violations. Tous systèmes inspectés par le ministère où il a trouvé des violations des normes de construction, doivent avoir une réinspection par le département avant que le système puisse être enterré.

8.4.4 Annulation des permis

Plusieurs raisons peuvent causer l'annulation d'un permis après qu'un système privé de traitement d'eaux usées ait reçu l'approbation finale d'installation par le département. Ce dernier commencera l'action administrative pour annuler un permis d'opération si :
- la maison est modifiée de telle manière qu'elle ait besoin d'un plus grand système
- n'importe quelle partie du champ d'épuration est couverte avec du matériel imperméable
- le terrain est subdivisé en plus petits lots où le système n'aurait pas été originalement approuvé ou autorisé
- un puits est installé sur le terrain à une distance qui empêcherait l'approbation du système s'il faisait part du plan initial
- le système est illégalement modifié ou excessivement endommagé.

Le département interdira l'utilisation additionnelle ou continue d'un système quand le permis a été annulé par injonction ou tout autre procédé autorisé par la loi.

8.5 Application de demande de permis de construction.

1) Aucune personne ne causera ou permettra la construction d'un système sans d'abord s'appliquer pour et obtenir un permis de construction.

2) Une application doit être complètement remplie, signée par le propriétaire ou le représentant autorisé du propriétaire ou un constructeur licencié et doit être accompagné de toutes les pièces requises. Si le propriétaire utilise un constructeur pour obtenir un permis de construction pour un nouveau sys-

tème, une lettre signée par le propriétaire attestant l'autorité du constructeur pour agir en son nom devait accompagner l'application. Cette lettre inclura le langage spécifique permettant le représentant d'agir au nom du propriétaire dans tous les aspects de l'application de demande de permis du système privé de traitement et d'évacuation des eaux usées.

3) l'adéquation d'un emplacement pour l'usage d'un système de traitement et d'évacuation d'eaux usées sur place, sera déterminée à partir d'une évaluation de la dimension du terrain, flot anticipé d'eaux usées dans le système proposé, les conditions du sol et du niveau piézométrique, le drainage du sol et la topographie de l'emplacement, le type de champ d'épuration et d'autres critères y relatifs. L'investigation du terrain est donc nécessaire et des tests seront effectués aux frais du propriétaire par un ingénieur ou un professionnel scientifique avec des connaissances en mécanique des sols ou un constructeur de réservoir septique enregistré. Une fois que les investigations de l'emplacement et les tests soient complétés par un professionnel compétent, autorisé par le département, les résultats seront notés dans l'application ou attachés à l'application de demande de permis de construction pour considération par le département. L'application contiendra également un plan du terrain. Le plan de l'emplacement où le système sera installé sera tracé à l'échelle. Le plan montrera les lisières avec les dimensions de tous les articles déjà existés ou proposés :

a. Maisons ;
b. Piscines ;
c. Composants de système de traitement et de disposition d'eaux usées;
d. Pente de la propriété ;

e. Puits ;
f. Lignes et valves d'eau potable et non-potable;
g. Dispositifs de drainage ;
h. Secteurs remblayés ;
j. Secteurs excavés pour des systèmes d'eaux usées;
k. Secteurs obstrués ;
l. Corps d'eau de surface; et

Pour les maisons résidentielles, un plan devrait être dessiné à l'échelle montrant la surface totale de la maison et montrant le nombre de chambres à coucher du logement. Les établissements non résidentiels soumettront un plan dessiné à l'échelle montrant la surface de l'établissement, de tous les drains de tuyauterie et de types de montage, et tous autres dispositifs nécessaires pour déterminer la composition et la quantité d'eau usée à produire. Les dispositifs de plomberie situés dans un établissement non résidentiel devront être inclus dans le plan, mais ils n'ont pas besoin d'être dessinés à l'échelle.

4) Toute information nécessaire pour déterminer l'écoulement d'eaux usées devrait être soumise avec l'application. L'emplacement devrait être clairement identifié.

5) L'élévation du niveau piézométrique au moment de l'évaluation d'emplacement et l'estimation du niveau de l'eau pendant la saison pluvieuse de l'année. Cette information devait aussi être incluse dans l'application.

6) L'appliquant sera le détenteur du permis et sera responsable de fournir toute information au département. L'application, le rapport de l'évaluation de l'emplacement et les plans du système signés serviront de base sur laquelle le département évaluera la justification d'accorder un permis de construction. Au cas d'un changement d'une information fournie dans l'appli-

cation qui supportait la prise du permis de construction, l'appliquant doit immédiatement remplir un amendement détaillant les conditions modifiées. Si les nouvelles conditions sont déterminées d'être conforme aux normes, le permis de construction sera modifié pour refléter les changements, mais si les nouvelles conditions sont déterminées ne pas être en conformité aux normes, le permis sera révoqué.

8.6 Position et installation.
Tous les systèmes seront localisés et installés de sorte qu'avec un bon entretien les systèmes fonctionneront d'une façon sanitaire, ne créeront pas d'ennuis ou de risques sanitaires et ne compromettront pas la qualité des ressources en eau. Les boues et l'effluent des systèmes de traitement et d'évacuation d'eaux usées ne doivent pas être déchargés dans le sol, ne doivent pas être directement ou indirectement déchargés dans les eaux souterraines, des eaux de surface ou dans aucun système aquifère. Pour empêcher de tels risques sanitaires :

1) Des distances minimales doivent être respectées. Un système septique devrait se placer au moins à:
- Soixante-quinze (75') pieds d'un puits domestique privé,
- Cent (100') pieds d'un puits domestique public,
- Cinquante (50') pieds d'un point d'eau domestique.

2) Des systèmes septiques ne devront pas se situer en dessous des maisons ou à moins de 5 pieds de la fondation, à moins de 5 pieds des murs d'une piscine ou à moins de 5 pieds de lignes d'une propriété, à moins que les voisins donnent l'autorisation à l'écrit.

Les trottoirs, les terrasses et les patios ne seront pas sujets aux exigences de 5 pieds, cependant, les champs d'épuration ne devront pas être installés sous de telles structures. Des systèmes ne peuvent pas être situés à moins de 10 pieds des réservoirs d'eau qui sont en contact avec le sol, également ils doivent être à 10 pieds des tuyaux d'eau potable à moins que les tuyaux soient scellés avec un mastic waterproof, mais en aucun cas une ligne d'eau potable ne peut être située à moins de 24 pouces du système de traitement et de disposition d'eaux usées, waterproof ou non. Les tuyaux d'eaux non-potables peuvent se situer à moins de 24 pouces du système s'ils sont équipés de dispositifs de refoulement pour prévenir la contamination de l'eau.

3) Sauf dans certains cas déterminés par le département, les systèmes septiques ne devraient pas se situer à moins de 75 pieds des périmètres d'une rivière, d'un lac ou d'un océan.

4) Assez d'espace libre devrait être disponible pour l'installation et le fonctionnement adéquat du système. L'espace disponible minimum devrait être au moins 1.5 fois plus grande que la surface requise pour le champ d'épuration. Par exemple, si un espace de 100 pieds carrés est nécessaire pour un champ, y inclus les 100 pieds carrés du champ d'épuration, la dimension libre doit être de 150 pieds carrés. Cette dimension doit être en addition des éloignements imposés dans les subdivisions 1, 2 et 3.

8.7 Enregistrement

Une personne ne pourra se présenter comme un installateur ou constructeur de réservoir septique sans s'être d'abord enregistré au département. Ce département décidera des conditions de qualification requises.

1) Les personnes désirant s'enregistrer conformément s'appliquera au département par écrit, en remplissant des

formes préparées par le département.

2) Le département administrera, coordonnera, imposera des conditions et déterminera les qualifications nécessaires pour les candidats, il administrera des examens, et sera responsable de décerner des certificats d'enregistrement aux candidats qualifiés.

3) Le département adoptera des règles raisonnables; il établira les règles morales de la pratique, les conditions pour s'enregistrer comme constructeur et installeur, les conditions pour obtenir un enregistrement initial ou un renouvellement, les directives disciplinaires, les conditions pour la certification des compagnies et d'autres conditions utiles.

4) Pour être éligible par le département comme installateur ou constructeur de réservoir septique, le candidat devrait:

a) avoir un de bon caractère moral. Pour évaluer le bon caractère moral, le département peut examiner n'importe quelle question de caractère du candidat qui peut influencer ses responsabilités professionnelles comme installateur ou constructeur de réservoir septique y compris les problèmes avec la loi.

b) passer un examen approuvé par le département qui démontre que le candidat a une connaissance fondamentale des lois concernant l'installation et l'entretien des systèmes privés de traitement et d'évacuation des eaux usées.

c) être âgé au moins de 18 ans.

d) avoir des expériences vérifiables dans l'installation, construction et maintien des systèmes septiques.

e) n'avoir pas un registre révoqué pour au moins 5 ans avant l'application du nouvel enregistrement.

8.8 Cours de formation pour des personnes installant ou maintenant les réservoirs septiques.
Le département de la santé pourra établir un programme de formation qui satisfera les visions de l'administration concernant les effets des systèmes privés de traitement et d'évacuation d'eaux usées sur la santé publique en particulier et, l'environnement en général et tous autres sujets que le département juge nécessaires pour l'édification des installateurs et constructeurs de systèmes septiques y compris les matériels traités dans cet ouvrage.

8.9 Frais
1) Le département peut charger des frais pour des services rendus en ce qui concerne les systèmes privés de traitement et d'évacuation d'eaux usées. Les frais estimés sous cette section doivent être seulement pour satisfaire le coût administratif des programmes et non pas une source de revenus pour l'Etat.

2) Les services qui peuvent avoir des frais de service sont:
   a) application de permis de construction
   b) si vous demandez au département de performer l'évaluation ou la réévaluation d'un emplacement, l'évaluation d'un système déjà en service ou l'évaluation d'un système abandonné, un frais sera imposé.
   c) frais pour renouveler le permis d'opération des systèmes situés dans les zones industrielles où l'eau usée ne sera pas en nature domestique.
   d) service de stabilisation et de pompage de réservoir septiques.

e) frais d'enregistrement des installateurs, concepteurs et de constructeurs de systèmes d'assainissement privés.

REFERENCES

1) State of Florida Department of Health, *Standards for Onsite Sewage Treatment and Disposal Systems,* November 2006
2) Adam, Pierre, *Précis d'hydrogéologie et forage d'eau Tome 1, Presses Nationales d'Haïti,* Avril 2006
3) US Environmental Protection Agency, O*nsite Wastewater Treatment Systems Manual,* EPA/625/R-00/008, February 2002
4) American Society for Testing and Materials, ASTM Standards Related to On-Site Septic Systems, 1997
5) ASTM Committee on Soil and Rock, *ASTM Standards Related to On-Site Systems,* ASTM, June 1997
6) South Australian Health Commission, Standards for Construction, Installation, and Operation of Septic Tank Systems in South Australia, Adelaide, SA , March 1995
7) Kaplan, O. B., *Septic Systems Handbook, Second Edition,* Lewis Publishers, Chelsea, MI, 1991
8) Terence J. McGhee, *Water Supply and Sewerage, 6th Edition,* McGraw Hill series in water resources and environmental engineering, 1991
9) S. C. Reed et al., *Natural Systems for Waste Management and Treatment,* McGraw-Hill, New York, 1987
10) *Design Manual—Municipal Wastewater Disinfection,* EPA/625/1-86/021, Environmental Protection Agency, Cincinnati, 1986
11) Canter, *Septic Tank System Effects on Ground Water Quality,* Taylor & Francis, Inc, April 1985

12) Canter L. W. and Knox, R. C., Septic Tank Systems Effect on Ground Water Quality, Lewis Publishers, Chelsea, MI, 1985

13) D. Hubley et al., *Risk Assessment of Wastewater Disinfection*, EPA-600/2-85/037, Environmental Protection Agency, Cincinnati, 1985

14) Winnerberger, J. T., Septic Tank Systems, Butterworth Publishers, Stoneham, MA 1984

15) Charlotte Alth, *Constructing and Maintaining Your Well and Septic System*, McGraw-Hill School Education Group, June 1984

16) US Environmental Protection Agency, *Process Design Manuel: Land Treatment of Municipal Wastewater*, EPA/625/1-81-013, 1981

17) Peter Warshall, John H. Timothy Winneberger, Greg Hewlett, *Septic tank practices,* Anchor Press, 1979

18)) Richard A. Conway and Richard D. Ross, *Handbook of Industrial Wastes Disposal,* Van Nostrand Reinhold, New York, 1980

19) Hardan Singh Azad (ed.), *Industrial Wastewater Management Handbook,* McGraw-Hill, New York, 1976

20) Paul N. Cheremisinoff and Richard A. Young (eds.), *Industrial Odor Technology Assessment,* Ann Arbor Science, Ann Arbor, Mich., 1975

21) US Environmental Protection Agency, *Manual of Septic-Tank Practice,* EPA Number 430975009, January, 1967

22) US Environmental Protection Agency, Design Manuel – Onsite Wastewater Treatment and Disposal Systems, EPA/625/1-80-012

23) Lehmann E. W., Kelleher R. C., Bushwell A. M., A Study of

factors affecting the efficiency and design of farm septic tanks, Joint publication by the University of Illinois Agricultural Experiment Station and the Illinois State Water Supply, Arbana, Illinois, 1928

Glossaire

Un terme peut avoir plusieurs définitions. Les définitions dans ce glossaire sont basées sur les encyclopédies et les dictionnaires internationaux. Elles sont choisies dans le contexte de cet ouvrage et les standards de référence en mécanique des sols et de génie environnemental.

Aérobie
Aérobie est un terme qui s'applique à un organisme vivant qui a besoin d'air pour vivre. Aérobie signifie la capacité (ou le besoin) d'un organisme ou micro-organisme à se développer dans l'air ambiant et plus particulièrement dans un milieu saturé en oxygène. L'aérobie utilise la graisse accumulée dans l'organisme comme énergie.

Agents tensioactifs
Les agents tensioactifs permettent de solubiliser deux phases non miscibles, en interagissant avec l'une apolaire par sa partie hydrophobe; tandis qu'avec l'autre phase qui est polaire, il interagira par sa partie hydrophile. Ils modifient de façon importante la tension superficielle, en particulier celle de l'eau par exemple les détergents. Quand ils sont utilisés pour leur pouvoir bactériostatique ou bactéricide on les appelle antiseptiques

Air oxygène-déficient
L'air comprend 20,95% (en volume) d'oxygène (O_2). Une atmosphère à oxygène déficient est définie étant une atmosphère où

le contenu d'oxygène est à une concentration inférieure à 19,5 % au niveau de la mer. L'exigence minimale de 19,5 % d'oxygène au niveau de la mer fournit une quantité adéquate d'oxygène pour pouvoir performer la plupart des travaux et donne un facteur de sécurité. Il se produit une diminution de l'efficacité mentale, acuité visuelle et de la coordination musculaire à des concentrations d'oxygène inférieur à 16 % au niveau de la mer . A des concentrations d'oxygène inférieur à 10 %, perte de conscience peut se produire, et une concentration au-dessous de 6 % d'oxygène causera la mort. Souvent les gens, exposés à de faibles concentrations d'oxygène, notent seulement de légers symptômes et perte de conscience peut se produire sans avertissement.

Alcali
Une classe de composés avec un pH supérieur à 7.0, qui forme des savons solubles avec des acides gras et forme des carbonates soluble, ex. hydroxydes ou carbonates de sodium ou de potassium

BOD
B.O.D. (Biochemical oxygen demand) est la quantité d'oxygène dissous nécessaire par les organismes biologiques aérobies dans l'eau pour décomposez les matériels organiques présents dans un échantillon d'eau donné à une température donnée sur une période de temps spécifique.

CUAP : Code Uniforme Américain de Plomberie

Capillarité

C'est l'effet d'un liquide à forte tension superficielle remontant contre la gravité dans un tube très fin, dit tube capillaire. La tension superficielle est proportionnelle à la force de cohésion intermoléculaire du liquide concerné. Plus les molécules du liquide ont une cohésion forte, plus le liquide est susceptible d'être transporté par capillarité.

Champs d'épuration
Le champ d'épuration, encore appelé champ d'absorption est le secteur où des eaux usées sont distribuées pour l'infiltration dans le sol au moyen d'un réseau de tuyaux perforés.

Coliformes
Les coliformes étant des bactéries vivant dans les intestins d'animaux ou humains, leur présence dans l'eau indique une pollution fécale. Ce sont donc des organismes indicateurs de la qualité de l'eau. Ils sont d'origine fécale on les retrouve donc dans les eaux usées et le sol

Département
Signifie le département de la santé et des services d'hygiène

Eaux grises
Eau grise c'est l'eau non potable d'origine domestique, résultant du lavage de la vaisselle, des mains, des bains ou des douches.

Eaux noires
On parle d'eaux noires lorsque l'eau contient diverses substances plus polluantes ou plus difficiles à éliminer que l'eau

grise tels que des matières fécales, des produits cosmétiques, ou tout type de sous-produit industriel mélangé à l'eau usée.

Eaux résiduaires
L'eau résiduaire aussi appelée eau usée signifie l'eau sale qui résulte des activités domestiques, agricoles ou industrielles.

Eaux souterraines
l'eau de subsurface occupant la zone de saturation où les puits et les sources se sont alimentés.

Eau usée
toute eau déchargée par le drain d'une maison pour inclure, mais non limité aux eaux d'égout et toute eau sale produite dans la maison.

Ecume
Mousse blanchâtre se formant de matériels d'eau usée qui sont moins dense que l'eau et flotte à la surface de l'eau..

Eléments organiques
élément organique est la matière carbonée produite en général par des êtres vivants, végétaux, animaux, ou micro-organismes. Il s'agit par exemple des glucides, protides et lipides. Contrairement à la matière minérale, la matière organique est souvent biodégradable. Elle peut ainsi être facilement recyclée en compost ou en biogaz.

Essai d'infiltration
C'est un test approximatif de perméabilité du sol.

Infiltration
l'écoulement ou le mouvement de l'eau dans les interstices ou les pores d'un sol par l'interface du sol.

Ingénieur environnemental
Génie environnemental est l'application des principes de la science pour améliorer l'environnement naturel (air, eau ou ressources de la terre), pour délivrer de l'eau, l'air et la terre sains pour l'accommodation de l'homme et d'autres organismes et à assainir les sites pollués. Il implique la gestion des eaux usées, la pollution de l'air, recyclage, élimination des déchets, protection contre les rayonnements, hygiène industrielle, la durabilité environnementale et les questions de santé publique ainsi qu'une connaissance des lois environnementales. Il comprend également des études sur l'impact environnemental des projets de construction.

Ingénieurs environnementaux performent des études de la gestion des déchets hasardeux pour évaluer l'importance de ces dangers; ils conseillent sur le traitement et l'évacuation des déchets toxiques et développent des régulations pour prévenir les accidents. Les ingénieurs environnementaux aussi conçoivent les systèmes municipaux d'approvisionnement en eau potable et les systèmes de traitement des eaux usées industrielles. Ils adressent également des issues environnementaux locaux et mondiaux tels que les effets des pluies acides, le réchauffement climatique global, la détérioration de la couche d'ozone, la pollution de l'eau et la pollution atmosphérique provenant des gaz d'échappement d' automobiles et de sources industrielles.

Ligne de distribution
Tuyaux perforés qui distribuent l'eau usée au champs d'absorption.

Mercaptans
Les mercaptans sont un groupe de substances chimiques organiques contenant du soufre. Ils émettent une odeur comme le chou pourri. Si les mercaptans sont dans l'air, ils attirent l'attention même à faible concentration.

Métaux lourds
Ils sont des éléments métalliques dont leurs caractères potentiellement toxiques comme le mercure, le plomb, le cadmium et autres les ont placé sur la liste de pollution environnementale. Ils peuvent être trouvés dans l'eau, l'air (associés aux aérosols ou poussières), les sols, l'alimentation, les boues d'épuration, etc.

Nappe souterraine
Une nappe d'eau souterraine est une eau contenue dans les interstices ou les fissures d'une roche du sous-sol qu'on nomme aquifère.

Niveau piézométrique
Le niveau, la cote ou la surface piézométrique est l'altitude ou la profondeur (par rapport à la surface du sol) de la limite entre la zone saturée et la zone non saturée dans une formation aquifère. Ce niveau est mesuré à l'aide d'un piézomètre.

Peds

Certains sols contiennent des agents de cimentation, tels que le carbonate de calcium, du fer ou des composés organiques, qui unissent les particules du sol. Peds sont les petits conglomérats ou faisceaux formés lorsque les particules de sols adhèrent les uns aux autres.

Percolation
le mouvement de l'eau par les pores du sol ou de tout autre milieu poreux après infiltration par l'interface du sol.

Perméabilité
une mesure de la vitesse du déplacement de liquide dans le sol.

pH
le pH est une mesure de l'acidité ou l'alcalinité d'une solution, numériquement égale à 7 pour les solutions neutres, augmente avec l'augmentation de l'alcalinité et diminue avec l'augmentation de l'acidité. L'échelle de pH couramment utilisée varie de 0 à 14.

Pièce en T
dispositif utilisé à 'entrée et sortie des réservoirs septiques pour empêcher la décharge des solides flottants, elle réduit la quantité de solides précipités qui sortent, et ralenti l'écoulement de l'eau usée.

Tranchée
un long canal étroit qui inclut un tuyau pour la distribution de l'effluent septique de réservoir dans le champs d'absorption.

Unité aérobie de traitement
un système qui donne la décomposition biologique de la partie organique de l'eau usée par aération mécanique.

APPENDICE 1

US UNITE ET SI EQUIVALENTS

Quantité	U.S Unité	SI Equivalent
Surface	mi^2	2.590 km^2
	acre	4047 m^2
	ft^2	0.0929 m^2
	in^2	645.2 mm^2
Concentration	lb/million gal	0.1200 mg/L
Energie	ft-lb	1.356 J
Force	lb	4.448 N
Ecoulement	ft^3/s	0.0283 m^3/s
	gal/min	0.003785 m^3/min
Longueur	Ft	0.3048 m
	In	25.40 mm
	Mi	1.609 km
Poids	Grain	64.80 mg
	Oz	28.35 g
	Lb	0.4536 kg
	Ton	907.2 kg
Puissance	ft-lb/s	1.356 W
	hp	745.7 W
Pression	lb/ft^2	47.88 Pa
	lb/in^2	6.895 kPa
	ft (of water)	2.988 kPa
Vitesse	ft/s	0.3048 m/s
	in/s	0.0254 m/s
	gal/ft^2 per min	0.0407 m/min
	gal/ft^2 per day	58.678 m/day
		0.0407 m/day
Volume	ft^3	0.02832 m^3
	yd^3	0.7646 m^3
	gal	0.003785 m^3

APPENDICE 2

Principales unités utilisées en Génie sanitaire dans le SI

Quantité	**Unité**	**Symbole**	**Formule**
Surface	mètre carré		m^2
	kilomètre carré		km^2
Densité	Gramme par centimètre cube		g/cm^3
	Kilogramme par mètre cube		kg/m^3
Energie	Joule	J	N.m
Force	newton	N	$Kg.m/s^2$
Fréquence	hertz	Hz	s^{-1}
Longueur	mètre	m	
Poids	Kilogramme	Kg	
Puissance	Watt	W	J/s
Pression	Pascale	Pa	N/m^2
Temps	Seconde	S	
Vitesse	Mètre par seconde		m/s
Volume	Mètre cube	-L	m^3
	Litre		
Travail	Joule	J	N.m

Made in the USA
Middletown, DE
06 August 2024

58484878R00088